DIE IDEE DER PHÄNOMENOLOGIE

HUSSERLIANA

EDMUND HUSSERL
GESAMMELTE WERKE

BAND II
DIE IDEE DER PHÄNOMENOLOGIE

AUF GRUND DES NACHLASSES VERÖFFENTLICHT IN GEMEIN-
SCHAFT MIT DEM HUSSERL-ARCHIV AN DER UNIVERSITÄT
KÖLN VOM HUSSERL-ARCHIV (LOUVAIN) UNTER LEITUNG
VON
H. L. VAN BREDA

EDMUND HUSSERL

DIE IDEE DER PHÄNOMENOLOGIE
FÜNF VORLESUNGEN

HERAUSGEGEBEN UND EINGELEITET
VON
WALTER BIEMEL

2. AUFLAGE
Neudruck 1973

HAAG
MARTINUS NIJHOFF

© *1973 by Martinus Nijhoff, The Hague, Netherlands*
All rights reserved, including the right to translate or to
reproduce this book or parts thereof in any form
Softcover reprint of the hardcover 1st edition 1973

ISBN-13: 978-94-010-2481-5   *e-ISBN-13: 978-94-010-2480-8*
DOI: 10.1007/978-94-010-2480-8

Edition établie avec le concours financier de la Fondation
Francqui (Bruxelles) et publiée sous les auspices de
l'International Phenomenological Society (Buffalo).

INHALT

	Seite
EINLEITUNG DES HERAUSGEBERS	VII
GEDANKENGANG DER VORLESUNGEN	3

I. Vorlesung 15

Natürliche Denkhaltung und Wissenschaft [1] 17
Philosophische (reflexive) Denkhaltung 18
Die Widersprüche der Erkenntnisreflexion in natürlicher
Einstellung 20
Die doppelte Aufgabe der wahren Erkenntniskritik . . . 22
Die wahre Erkenntniskritik als Phänomenologie der Er-
kenntnis 23
Die neue Dimension der Philosophie; ihre eigene Methode
gegenüber der Wissenschaft 24

II. Vorlesung 27

Der Anfang der Erkenntniskritik: das In-Frage-stellen
jeglichen Wissens 29
Gewinnung des absolut gewissen Bodens im Anschluß an
Descartes' Zweifelsbetrachtung 30
Die Sphäre der absoluten Gegebenheiten 31
Wiederholung und Ergänzung; Widerlegung des Argumentes
gegen die Möglichkeit einer Erkenntniskritik 32
Das Rätsel der natürlichen Erkenntnis: die Transzendenz . 34
Scheidung zweier Begriffe von Immanenz und Transzendenz 35
Das erste Problem der Erkenntniskritik: die Möglichkeit
transzendenter Erkenntnis 36
Das Prinzip der erkenntnistheoretischen Reduktion . . . 39

III. Vorlesung 41

Das Vollziehen der erkenntnistheoretischen Reduktion:
Ausschaltung alles Transzendenten 43
Thema der Forschung: die reinen Phänomene 44
Die Frage der „objektiven Giltigkeit" der absoluten Phäno-
mene 47
Unmöglichkeit der Beschränkung auf singuläre Gegebenhei-
ten; die phänomenologische Erkenntnis als Wesens-
erkenntnis 50
Die zwei Bedeutungen des Begriffes „Apriori" 51

IV. Vorlesung 53

Erweiterung der Forschungssphäre durch die Intentionalität 55
Die Selbstgegebenheit des Allgemeinen; die philosophische
Methode der Wesensanalyse 56

---

[1] Die Kapitelüberschriften sind zum größten Teil der Landgrebeschen Abschrift
entnommen (s. Textkritischen Anhang).

VI INHALT

Kritik der Gefühlstheorie der Evidenz; Evidenz als Selbst-
gegebenheit 59
Keine Beschränkung auf die Sphäre der reellen Immanenz;
Thema alle Selbstgegebenheit 60

V. Vorlesung 65

Die Konstitution des Zeitbewußtseins 67
Wesenserfassung als evidente Gegebenheit der Essenz;
Konstitution der singulären Essenz und des Allgemein-
heitsbewußtseins 68
Die kategorialen Gegebenheiten 71
Das symbolisch Gedachte als solches 73
Das Forschungsgebiet in seinem weitesten Umfang: die
Konstitution der verschiedenen Modi der Gegenständlich-
keit in der Erkenntnis; das Problem der Korrelation von
Erkenntnis und Erkenntnisgegenständlichkeit 73

BEILAGEN :

Beilage I 79

Beilage II 81

Beilage III 83

TEXTKRITISCHER ANHANG :

Zur Textgestaltung 87

Textkritische Anmerkungen 89

Nachweis der Originalseiten 94

NAMENREGISTER 95

EINLEITUNG DES HERAUSGEBERS

Die Bedeutung der vorliegenden 5 Vorlesungen: D i e I d e e
d e r P h ä n o m e n o l o g i e (Einleitung zu H a u p t s t ü k-
k e a u s d e r P h ä n o m e n o l o g i e u n d K r i t i k d e r
V e r n u n f t), die Husserl vom 26.IV—2.V.1907 in Göttingen
gelesen hat, tritt eindeutig hervor, wenn wir uns darüber klar zu
werden versuchen, in welchem Moment von Husserls geistiger
Entwicklung sie entstanden sind, welchen Wendepunkt in seinem
Denken sie darstellen. Das zu erhellen sei die Aufgabe dieser
Einleitung.

Sechs Jahre nach dem Erscheinen der L o g i s c h e n U n-
t e r s u c h u n g e n macht Husserl eine schwere Krise durch.
In dieser Zeit erfährt er auch die Demütigung, daß der vom
Unterrichtsministerium gemachte Vorschlag, ihn zum Ordinarius
der Philosophie zu ernennen, von der Universität Göttingen
abgewiesen wird. Es scheint, daß diese „kollegiale Mißachtung"
ihm näher gegangen ist, als er zugeben wollte. Aber schwer-
wiegender als dieser äußerliche Mißerfolg ist der Zweifel an
ihm selbst, der ihn quält, so sehr, daß er seine Existenz als
Philosoph in Frage stellt.

Aus dieser Verzweiflung heraus ensteht der Entschluß, über
sich selbst und seine Aufgabe ins Klare zu kommen.

Am 25.IX. 1906 schreibt er in sein Notizbuch, in das er ab
und zu tagebuchähnliche Anmerkungen einträgt [1]

> „An erster Stelle nenne ich die allgemeine Aufgabe, die
> ich für mich lösen muß, wenn ich mich soll einen Philo-
> sophen nennen können. Ich meine eine K r i t i k d e r
> V e r n u n f t. Eine Kritik der logischen und der praktischen
> Vernunft, der wertenden überhaupt. Ohne in allgemeinen
> Zügen mir über Sinn, Wesen, Methoden, Hauptgesichts-

---

[1] Das Notizbuch befindet sich im Archiv unter der Signatur X x 5.

VIII EINLEITUNG DES HERAUSGEBERS

punkte einer Kritik der Vernunft ins Klare zu kommen, ohne einen allgemeinen Entwurf für sie ausgedacht, entworfen, festgestellt und begründet zu haben, kann ich wahr und wahrhaftig nicht leben. Die Qualen der Unklarheit, des hin- und herschwankenden Zweifels habe ich ausreichend genossen. Ich muß zu einer inneren Festigkeit hin kommen. Ich weiß, daß es sich dabei um Großes und Größtes handelt, ich weiß, daß große Genien daran gescheitert sind, und wollte ich mich mit ihnen vergleichen, so müßte ich von vornherein verzweifeln..." (S. 17 f.).

Der Anklang an den Titel des Kantischen Hauptwerkes ist kein Zufall. Husserl hat sich in dieser Zeit eingehend mit Kant beschäftigt, aus dieser Beschäftigung heraus erwächst ihm der Gedanke der Phänomenologie als T r a n s z e n d e n t a l - p h i l o s o p h i e, als t r a n s z e n d e n t a l e r I d e a l i s m u s und der Gedanke der phänomenologischen Reduktion.[1]) (Es muß an dieser Stelle verzichtet werden, auf den Unterschied zwischen Kants und Husserls Denken einzugehen, besonders in Bezug auf den Grundgedanken der „Konstitution".)

Den Z u g a n g zu der transzendentalen Betrachtungsweise bildet die p h ä n o m e n o l o g i s c h e R e d u k t i o n, sie ermöglicht den Rückgang auf das „Bewußtsein". In ihm erschauen wir, wie die Gegenstände sich konstituieren. Denn mit dem t r a n s z e n d e n t a l e n I d e a l i s m u s ist in den Mittelpunkt seines Denkens das Problem der K o n s t i t u t i o n d e r G e g e n s t ä n d e i m B e w u ß t s e i n gerückt oder, wie Husserl auch sagt, „die Auflösung des Seins in Bewußtsein".

In den 5 V o r l e s u n g e n hat Husserl zum e r s t e n M a l diese Gedanken, die sein ganzes späteres Denken bestimmen sollten, öffentlich ausgesprochen. In ihnen gibt er sowohl eine klare Darstellung der phänomenologischen Reduktion, als auch des grundlegenden Gedankens der Konstitution der Gegenstände im Bewußtsein.

Einen ersten Ansatz zur Idee der R e d u k t i o n finden wir schon im Sommer 1905, in den sogenannten S e e f e l d e r B l ä t t e r n (Signatur: A VII 25), der Unterschied gegenüber

---

[1]) In diese Epoche fällt Husserls Bekanntschaft mit Dilthey, die für ihn von großer Bedeutung war. — Leider sind die Briefe dieser Jahre bis jetzt nicht aufgefunden worden.

den 5 Vorlesungen ist jedoch gewaltig. Während 1905 eigentlich eher von einem ersten zagen Ertasten die Rede sein kann, ist in den 5 Vorlesungen der Gedanke in seiner ganzen Bedeutung schon ausgesprochen, und auch der Zusammenhang mit dem wesentlichen Problem der Konstitution erschaut.

Die Grundgedanken der 5 Vorlesungen haben Husserl nicht mehr losgelassen, wie uns die erhaltenen Manuskripte zeigen, von denen wir nur die wichtigsten und im unmittelbaren Zusammenhang stehenden anführen wollen. Aus September 1907 und September 1908 die Mss. B II 1, B II 2, dann die Vorlesung von 1909 „Idee der Phänomenologie und ihrer Methode" (F I 17), die Vorlesung über erweiterte Reduktion 1910/11 (F I 43), die Vorlesung über phänomenologische Reduktion von 1912 (B II 19), schließlich die Parallelvorlesung zu 1909 aus dem Jahre 1915 „Ausgewählte phänomenologische Probleme" (F I 31). In einem dieser Manuskripte (September 1907, B II 1) führt Husserl folgendes über seine neu gewonnene Stellung aus, in Zusammenhang mit den Logischen Untersuchungen.

„Die ,Logischen Untersuchungen' lassen die Phänomenologie als deskriptive Psychologie gelten (obschon das erkenntnistheoretische Interesse in ihnen das maßgebende war). Man muß aber scheiden diese deskriptive Psychologie, und zwar verstanden als empirische Phänomenologie, von der transzendentalen Phänomenologie...

Was in meinen ,Logischen Untersuchungen' als deskriptive psychologische Phänomenologie bezeichnet wurde, betrifft aber die bloße Sphäre der Erlebnisse nach ihrem reellen Gehalt. Die Erlebnisse sind Erlebnisse erlebender Ich, insofern sind sie empirisch bezogen auf Naturobjektitäten. Für eine Phänomenologie, die erkenntnistheoretisch sein will, für eine Wesenslehre der Erkenntnis (a priori) bleibt aber die empirische Beziehung ausgeschaltet. So erwächst eine transzendentale Phänomenologie, die es eigentlich war, die in den ,Logischen Untersuchungen' in Bruchstücken ausgeführt wurde.

In dieser transzendentalen Phänomenologie haben wir es nun nicht zu tun mit apriorischer Ontologie, nicht mit for-

X EINLEITUNG DES HERAUSGEBERS

maler Logik und formaler Mathematik, nicht mit Geometrie als apriorischer Raumlehre, nicht mit apriorischer Chronometrie und Phoronomie, nicht mit apriorischer realer Ontologie jeder Art (Ding, Veränderung etc.).

Die transzendentale Phänomenologie ist Phänomenologie des k o n s t i t u i e r e n d e n B e w u ß t s e i n s und somit gehört kein einziges objektives Axiom (bezüglich auf Gegenstände, die nicht Bewußtsein sind) in sie hinein...

Das erkenntnistheoretische Interesse, das transzendentale, geht nicht auf objektives Sein und auf Aufstellung von Wahrheiten für objektives Sein, somit nicht auf objektive Wissenschaft. Das Objektive gehört eben der objektiven Wissenschaft an, und was der objektiven Wissenschaft hier an Vollendung fehlt, das zu erreichen ist ihre Sache und nur ihre allein. Das transzendentale Interesse, das Interesse der t r a n s z e n d e n t a l e n P h ä n o m e n o l o g i e, geht vielmehr auf das Bewußtsein als Bewußtsein, es geht nur auf P h ä n o m e n e, Phänomene im doppelten Sinn: 1) im Sinne der Erscheinung, in der Objektität erscheint, 2) andererseits im Sinne der Objektität bloß insofern betrachtet, als sie in Erscheinungen eben erscheint, und zwar „transzendental", unter Ausschaltung aller empirischen Setzungen...

Diese Zusammenhänge zwischen w a h r h a f t e m S e i n und E r k e n n e n klarzulegen und so überhaupt die Korrelationen zwischen Akt, Bedeutung, Gegenstand zu erforschen, ist die Aufgabe der transzendentalen Phänomenologie (oder transzendentalen Philosophie)."

(Zitiert nach dem Originalmanuskript: B II 1, B1.25 a f.).

Da dieses Manuskript, ebenso wie die F ü n f V o r l e s u n g e n, aus 1907 stammt, wäre somit die Behauptung, daß Husserl erst mit den „Ideen zu einer reinen Phänomenologie" (1913) zum I d e a l i s m u s überging, zu korrigieren.

Gehalten wurden die F ü n f V o l e s u n g e n als Einleitung zu der D i n g v o r l e s u n g, einer vierstündigen Vorlesung aus dem Sommersemester 1907. Die Dingvorlesung gehört zu dem Vorlesungszyklus „Hauptstücke aus der Phänomenologie und Kritik der Vernunft", worin Husserl versucht, die „allgemeine Aufgabe" einer „Kritik der Vernunft" zu bewältigen.

Die Dingvorlesung selbst nennt er einen großen Versuch, den „Versuch einer Phänomenologie der Dinglichkeit und insbesondere der Räumlichkeit" (X x 5, S. 24). Da in den F ü n f V o r l e s u n g e n der Zielgedanke gerade der der Konstitution ist, „daß zu jeder Grundart von Gegenständen eine besondere von der Phänomenologie zu erforschende Konstitution gehöre", wird es nicht mehr befremden, daß Husserl nun gleichsam als Ausführung solch einer konstitutiven Forschung die Vorlesung über die Dingkonstitution anschloß.

Die Schüler scheinen jedoch die Bedeutung der Dingvorlesung nicht erfaßt zu haben, denn Husserl vermerkte am 6. III. 1908 (X x 5, S. 24). „Das war ein neuer Anfang, leider von meinen Schülern nicht so verstanden und aufgenommen, wie ich es erhofft. Die Schwierigkeiten waren auch allzu groß und konnten im ersten Anhieb nicht überwunden werden".

Die Anregung zur Veröffentlichung des vorliegenden Textes als zweiter Band der Gesammelten Werke stammt von Prof. H. L. V a n B r e d a O.F.M., dem Direktor des Husserl-Archivs. Ihm sei an dieser Stelle für sein Entgegenkommen und seine Ratschläge Dank ausgesprochen. Auch Herrn P r o f. F r i t z K a u f m a n n (Buffalo), Frau Dr. L. G e l b e r und meiner Frau, sowie Herrn Prof. Dr. S. S t r a s s e r bin ich zu Dank verpflichtet.

Louvain, Sept. 1947.   WALTER BIEMEL

ZUR ZWEITEN AUFLAGE

Die zweite Auflage erscheint im wesentlichen unverändert, sie wurde bloß durch ein Namenregister ergänzt. Störende Druckfehler wurden beseitigt. Es ist vorgesehen, in einem späteren Band der Husserliana weitere Manuskripte, die die Entwicklung von den Logischen Untersuchungen zu den Ideen aufhellen sollen, zu veröffentlichen. Diese Texte werden die Schlüsselstellung der Fünf Vorlesungen noch deutlicher hervortreten lassen.

Es sei an dieser Stelle der Arbeitsgemeinschaft von Nordrhein-Westfalen, die die Arbeiten des Husserl-Archivs an der Universität Köln großzügig förderte, öffentlich Dank ausgesprochen.

Köln, Februar 1958. W.B.

DIE IDEE DER PHÄNOMENOLOGIE
(FÜNF VORLESUNGEN)

Die Idee der Phänomenologie

GEDANKENGANG DER VORLESUNGEN

Natürliches, um die Schwierigkeiten der Erkenntnismöglichkeit unbekümmertes Denken in Leben und Wissenschaft — philosophisches Denken, bestimmt durch die Stellung zu den Problemen der Erkenntnismöglichkeit.

5 Die Verlegenheiten, in die sich die Reflexion über die Möglichkeit einer die Sachen selbst treffenden Erkenntnis verwickelt; wie kann Erkenntnis ihrer Übereinstimmung mit den an sich seienden Sachen gewiß werden, sie „treffen"? Was kümmern sich die Sachen an sich um unsere Denkbewegungen und um die

10 sie regelnden logischen Gesetze? Sie sind Gesetze unseres Denkens, psychologische Gesetze. — Biologismus, psychologische Gesetze als Anpassungsgesetze.

Widersinn : man gerät zunächst, natürlich über die Erkenntnis reflektierend und sie mit ihrer Leistung in das natürliche Denk-

15 system der Wissenschaften einordnend, in ansprechende Theorien, die aber jederzeit in Widerspruch oder Widersinn enden. — Neigung zum offenen Skeptizismus.

Schon diesen Versuch einer wissenschaftlichen Stellungnahme zu diesen Problemen kann man Erkenntnistheorie nennen. Je-

20 denfalls erwächst die Idee einer Erkenntnistheorie als einer Wissenschaft, welche die hier vorliegenden Schwierigkeiten löst, uns letzte, klare, also in sich einstimmige Einsicht in das Wesen der Erkenntnis und die Möglichkeit ihrer Leistung gibt. — Erkenntniskritik in diesem Sinne ist die Bedingung der Möglichkeit

25 einer Metaphysik.

Die Methode der Erkenntniskritik die phänomenologische, die Phänomenologie die allgemeine Wesenslehre, in die sich die Wissenschaft vom Wesen der Erkenntnis einordnet.

Was ist das für eine Methode, wie kann, wenn Erkenntnis

30 überhaupt ihrem Sinn und ihrer Leistung nach in Frage gestellt ist, eine Wissenschaft von der Erkenntnis sich etablieren, welche Methode kann da zum Ziele führen?

4 GEDANKENGANG DER VORLESUNGEN

A. Der phänomenologischen Betrachtung
erste Stufe.

1) Im ersten Moment wird man bedenklich, ob solch eine Wissenschaft überhaupt möglich ist. Setzt sie alle Erkenntnis in Frage, wie kann sie da anfangen, da jede als Ausgang gewählte Erkenntnis als Erkenntnis mit in Frage gestellt ist?
5 Indessen das ist eine bloß scheinbare Schwierigkeit. Nicht geleugnet und nicht in jedem Sinn als etwas Zweifelhaftes hingestellt ist die Erkenntnis dadurch, daß sie „in Frage gestellt wird". Die Frage richtet sich auf gewisse Leistungen, die ihr zugemutet werden, wobei es sogar noch offen steht, ob die
10 Schwierigkeiten alle möglichen Erkenntnistypen betreffen. Jedenfalls wenn die Erkenntnistheorie sich auf die Möglichkeit der Erkenntnis richten will, muß sie Erkenntnisse haben über Erkenntnismöglichkeiten, die als solche zweifellos sind, und zwar Erkenntnisse im prägnantesten Sinn, denen Triftigkeit eignet,
15 und über «ihre» eigene Erkenntnismöglichkeit, deren Triftigkeit absolut zweifellos ist. Wenn unklar und zweifelhaft geworden ist, wie Triftigkeit der Erkenntnis möglich sei, und wenn wir geneigt werden zu zweifeln, ob dergleichen möglich sei, müssen wir zunächst zweifellose Fälle von Erkenntnissen oder möglichen
20 Erkenntnissen im Auge haben, die ihre Erkenntnisgegenstände wirklich treffen, bzw. treffen würden. Anfangend dürfen wir keine Erkenntnis als Erkenntnis hinnehmen, sonst hätten wir eben kein mögliches oder, was das selbe ist, sinnvolles Ziel.

Da bietet uns einen Anfang die Cartesianische
25 Zweifelsbetrachtung: das Sein der *cogitatio*, des Erlebnisses während des Erlebens und in schlichter Reflexion darauf, ist unzweifelhaft; das schauende direkte Erfassen und Haben der *cogitatio* ist schon ein Erkennen, die *cogitationes* sind die ersten absoluten Gegebenheiten.

30 2) Daran knüpft sich naturgemäß die erste erkenntnistheoretische Reflexion an:
Was macht in diesen Fällen die Unfraglichkeit aus und ihnen gegenüber bei anderen Fällen prätendierter Erkenntnis die Fraglichkeit? Warum bei gewissen Fällen die Neigung zum Skepti-
35 zismus und die Zweifelsfrage: wie kann ein Sein getroffen werden in der Erkenntnis, und warum bei den *cogitationes* dieser Zweifel und diese Schwierigkeit nicht?

Man antwortet zunächst — das ist eben die nächstliegende Antwort — mit dem Begriffspaar oder Wortpaar I m m a n e n z und T r a n s z e n d e n z. Die schauende Erkenntnis der *cogitatio* ist immanent, die Erkenntnis der objektiven Wissenschaften, der Natur- und Geisteswissenschaften, aber näher besehen auch der mathematischen Wissenschaften, ist transzendent. Bei den objektiven Wissenschaften besteht die B e - d e n k l i c h k e i t d e r T r a n s z e n d e n z, die Frage: wie kann Erkenntnis über sich hinaus, wie kann sie ein Sein treffen, das im Rahmen des Bewußtseins nicht zu finden ist? Diese Schwierigkeit fällt bei der schauenden Erkenntnis der *cogitatio* weg.

3) Zunächst ist man geneigt und hält das für selbstverständlich, die Immanenz als reelle Immanenz zu interpretieren und wohl gar psychologisch als r e a l e I m m a n e n z: im Erkenntniserlebnis, wie es eine reale Wirklichkeit ist, oder im Ichbewußtsein, dem das Erlebnis angehört, findet sich auch das Erkenntnisobjekt. Daß im selben Bewußtsein und im selben realen Jetzt der Erkenntnisakt sein Objekt finden und treffen kann, das hält man für das Selbstverständliche. Das Immanente ist, wird hier der Anfänger sagen, in mir, das Transzendente außer mir.

Bei näherer Betrachtung scheidet sich aber r e e l l e I m - m a n e n z u n d I m m a n e n z i m S i n n e d e r i n d e r E v i d e n z s i c h k o n s t i t u i e r e n d e n S e l b s t g e - g e b e n h e i t. Das reell Immanente gilt als das Zweifellose, eben weil es nichts anderes darstellt, nichts über sich „hinausmeint", weil hiebei was gemeint auch voll und ganz adäquat selbstgegeben ist. Andere Selbstgegebenheit als die des reell Immanenten tritt zunächst noch nicht in den Gesichtskreis.

4) Also zunächst wird nicht geschieden. Die erste Stufe der Klarheit ist nun die: reell Immanentes oder, was hier dasselbe besagt, adäquat Selbstgegebenes ist fraglos, das darf ich benützen. Transzendentes (nicht reell Immanentes) darf ich nicht benützen, also ich muß p h ä n o m e n o l o g i s c h e R e d u k - t i o n, A u s s c h l u ß a l l e r t r a n s z e n d e n t e n S e t - z u n g e n v o l l z i e h e n.

Warum? Ist mir unklar, wie Erkenntnis Transzendentes treffen kann, nicht Selbstgegebenes sondern „Hinausgemeintes",

GEDANKENGANG DER VORLESUNGEN

so kann mir zur Klarheit sicher keine der transzendenten Erkenntnisse und Wissenschaften etwas helfen. Was ich will ist K l a r h e i t, verstehen will ich d i e M ö g l i c h k e i t dieses Treffens, d.h. aber, wenn wir den Sinn davon erwägen: das
5 Wesen der Möglichkeit dieses Treffens will ich zu Gesicht bekommen, es schauend zur Gegebenheit bringen. Ein Schauen läßt sich nicht demonstrieren; der Blinde, der sehend werden will, der wird es nicht durch wissenschaftliche Demonstrationen; physikalische und physiologische Farbentheorien ergeben keine
10 schauende Klarheit des Sinnes von Farbe, wie ihn der Sehende hat. Ist also, wie aus dieser Erwägung zweifellos wird, die Erkenntniskritik eine Wissenschaft, die immerfort nur und für alle Erkenntnisarten und Erkenntnisformen aufklären will, so kann sie v o n k e i n e r n a t ü r l i c h e n W i s s e n s c h a f t
15 G e b r a u c h m a c h e n; an ihre Ergebnisse, ihre Seinsfeststellungen hat sie nicht anzuknüpfen, diese bleiben für sie in Frage. Alle Wissenschaften sind für sie nur W i s s e n s c h a f t s - p h ä n o m e n e. Jede solche Anknüpfung bedeutet eine fehlerhafte μετάβασις. Sie kommt auch nur zustande durch eine fehler-
20 hafte aber freilich oft naheliegende P r o b l e m v e r s c h i e - b u n g: zwischen psychologisch naturwissenschaftlicher Erklärung der Erkenntnis als Naturtatsache und Aufklärung der Erkenntnis nach Wesensmöglichkeiten ihrer Leistung. Es bedarf also, um diese Verschiebung zu meiden und beständig des Sinnes
25 der Frage nach dieser Möglichkeit eingedenk zu bleiben, der p h ä n o m e n o l o g i s c h e n R e d u k t i o n.
Sie besagt: alles Transzendente (mir nicht immanent Gegebene) is mit dem Index der Nullität zu versehen, d.h. seine Existenz, seine Geltung ist nicht als solche anzusetzen, sondern
30 höchstens als G e l t u n g s p h ä n o m e n. Über alle Wissenschaften darf ich nur verfügen als Phänomene, also nicht als Systeme geltender, als Prämisse, selbst als Hypothese für mich als Ansatz zu verwendender Wahrheiten, z.B. die ganze Psychologie, die ganze Naturwissenschaft. Indessen der eigentliche
35 S i n n d e s P r i n z i p s ist die beständige Aufforderung, bei den Sachen, die h i e r in der Erkenntniskritik in Frage sind, zu bleiben und die h i e r liegenden Probleme nicht mit ganz anderen zu vermengen. Aufklärung von Erkenntnismöglichkeiten liegt nicht auf den Wegen objektiver Wissenschaft. Die

GEDANKENGANG DER VORLESUNGEN

Erkenntnis zur evidenten Selbstgegebenheit bringen und darin
das Wesen ihrer Leistung schauen wollen, das heißt nicht deduzieren, induzieren, ausrechnen usw., es heißt nicht, aus schon
gegebenen oder als gegeben geltenden Sachen neue Sachen mit
5 Grund herleiten.

B. Der phänomenologischen Betrachtung
zweite Stufe.

Es bedarf nun einer neuen Schicht von Betrach-
tungen, um uns das Wesen der phänomenologischen Forschung und ihrer Probleme auf eine höhere Stufe der Klarheit
zu bringen.

10 1) Zunächst schon die Cartesianische *cogitatio* bedarf der
phänomenologischen Reduktion. Nicht das psychologische Phänomen in der psychologischen Apperzeption und Objektivation
ist wirklich eine absolute Gegebenheit, sondern nur das reine
Phänomen, das reduzierte. Das erlebende Ich, das Objekt,
15 der Mensch in der Weltzeit, das Ding unter Dingen etc. ist keine
absolute Gegebenheit, also auch nicht das Erlebnis als sein
Erlebnis. Wir verlassen endgiltig den Boden
der Psychologie, selbst der deskriptiven.
Damit reduziert sich auch die ursprünglich treibende
20 Frage: nicht wie kann ich, dieser Mensch, in meinen Erlebnissen
ein Sein an sich, etwa draußen außer mir und dgl. treffen; an
Stelle dieser von vornherein mehrdeutigen und vermöge ihrer
transzendenten Belastung schillernden komplexen Frage tritt
jetzt die reine Grundfrage: wie kann das reine Erkennt-
25 nisphänomen etwas treffen, was ihm nicht immanent ist, wie
kann die absolute Selbstgegebenheit der Erkenntnis eine Nicht-
Selbstgegebenheit treffen und wie ist dieses Treffen zu verstehen?
Zugleich reduziert sich der Begriff der reellen Immanenz, sie bedeutet nicht mehr mit die reale Immanenz,
30 Immanenz im Bewußtsein des Menschen und im realen psychischen Phänomen.

2) Haben wir die erschauten Phänomene, so scheint es, daß
wir auch schon eine Phänomenologie haben, eine Wissenschaft
von diesen Phänomenen.
35 Aber sobald wir da anfangen, bemerken wir eine gewisse Enge,

8 GEDANKENGANG DER VORLESUNGEN

das Feld der absoluten Phänomene — diese in ihrer Einzelheit
genommen — scheint nicht ausreichend unsere Intentionen zu
befriedigen. Was sollen uns die enzelnen Schauungen, mögen
sie noch so sicher uns *cogitationes* zur Selbstgegebenheit bringen,
5 leisten? Daß man auf Grund dieser Schauungen logische Opera-
tionen vornehmen, vergleichen, unterscheiden, unter Begriffe
bringen, prädizieren kann, scheint zunächst selbstverständlich,
obschon dahinter, wie sich später herausstellt, neue Objektivitäten stehen. Aber diese Selbstverständlichkeit zugelassen und
10 nicht weiter erwogen, ist nicht zu sehen, wie sich hier allgemein
giltige Feststellungen der Art machen lassen sollen, die wir hier
brauchen.

Aber eines scheint uns weiter zu helfen: d i e i d e i e r e n d e
A b s t r a k t i o n. Sie ergibt uns einsichtige Allgemeinheiten,
15 Spezies, Wesen und damit scheint das erlösende Wort gesprochen:
wir suchen ja schauende Klarheit über das Wesen der Erkenntnis. Erkenntnis gehört unter die Sphäre der *cogitationes*, also
haben wir schauend ihre allgemeinen Gegenständlichkeiten in
das Allgemeinheitsbewußtsein zu erheben und eine Wesenslehre
20 der Erkenntnis wird möglich.

Wir vollziehen diesen Schritt in Anschluß an eine Betrachtung
von Descartes über die k l a r e u n d d i s t i n k t e P e r z e p -
t i o n. Die „Existenz" der *cogitatio* ist gewährleistet durch ihre
a b s o l u t e S e l b s t g e g e b e n h e i t, durch ihre Gege-
25 benheit in r e i n e r E v i d e n z. Wo immer wir reine Evidenz
haben, reines Schauen und Fassen einer Objektivität, direkt
und selbst, da haben wir dieselben Rechte, dieselben Unfrag-
lichkeiten.

Dieser Schritt ergab uns eine neue Objektivität als absolute
30 Gegebenheit, die W e s e n s o b j e k t i v i t ä t, und da von
vornherein die logischen Akte, die im Aussagen auf Grund des
Erschauten sich ausprägen, unbemerkt bleiben, so ergibt sich
hier zugleich das Feld der W e s e n s a u s s a g e n, bzw. der
generellen, im reinen Schauen gegebenen Sachverhalte. Also
35 zunächst ungeschieden von den einzelnen allgemeinen Gegebenheiten.

3) Haben wir damit nun schon alles, haben wir damit die
vollbegrenzte Phänomenologie und die klare Selbstverständlichkeit, im Besitz dessen zu sein, was wir erkenntniskritisch

brauchen? Und haben wir Klarheit über die Probleme, die zu lösen sind?

Nein, der Schritt, den wir getan, führt uns weiter. Zunächst macht er uns klar, daß r e e l l e I m m a n e n z (bzw. Transzendenz) nur ein Spezialfall des w e i t e r e n B e g r i f f e s d e r I m m a n e n z ü b e r h a u p t ist. Es ist nun nicht mehr selbstverständlich und unbesehen einerlei: a b s o l u t g e g e b e n und r e e l l i m m a n e n t; denn das Allgemeine ist absolut gegeben und nicht reell immanent. Die E r k e n n t n i s des Allgemeinen ist etwas Singuläres, ist jeweils ein Moment im Strome des Bewußtseins; das A l l g e m e i n e s e l b s t, das darin gegeben ist in Evidenz, ist aber kein Singuläres sondern eben ein Allgemeines, somit im reellen Sinne transzendent.

Folglich gewinnt der Begriff der p h ä n o m e n o l o g i s c h e n R e d u k t i o n eine nähere, tiefere Bestimmung und einen klareren Sinn: nicht Ausschluß des reell Transzendenten (etwa gar im psychologisch-empirischen Sinn), sondern Ausschluß des Transzendenten überhaupt als einer hinzunehmenden Existenz, d.h. alles dessen, was nicht evidente Gegebenheit ist im echten Sinn, absolute Gegebenheit des reinen Schauens. Aber natürlich bleibt alles bestehen, was wir sagten: wissenschaftlich induzierte oder deduzierte, aus Hypothesen, Tatsachen, Axiomen abgeleitete Geltungen, Wirklichkeiten etc. bleiben ausgeschlossen und zulässig nur als „Phänomene" und ebenso natürlich jeder Rekurs auf irgendein „Wissen", auf irgendeine „Erkenntnis": die Forschung hat sich eben im r e i n e n S c h a u e n zu halten, aber darum nicht an das reell Immanente: sie ist Forschung in der Sphäre reiner Evidenz und zwar Wesensforschung. Wir sagten auch, ihr Feld ist d a s A p r i o r i i n n e r h a l b d e r a b s o l u t e n S e l b s t g e g e b e n h e i t.

So ist also das Feld jetzt charakterisiert; es ist ein Feld absoluter Erkenntnisse, für das Ich und Welt und Gott und die mathematischen Mannigfaltigkeiten und was immer für wissenschaftliche Objektivitäten dahingestellt bleiben, die also auch von ihnen nicht abhängig sind, die gelten was sie gelten, ob man in Bezug auf jene Skeptiker ist oder nicht. All das bleibt also bestehen. Das Fundament von allem aber ist d a s E r f a s s e n d e s S i n n e s d e r a b s o l u t e n G e g e b e n h e i t, d e r a b s o l u t e n K l a r h e i t d e s G e g e b e n s e i n s, das

10 GEDANKENGANG DER VORLESUNGEN

jeden sinnvollen Zweifel ausschließt, mit einem Wort der a b -
s o l u t   s c h a u e n d e n ,   s e l b s t   e r f a s s e n d e n   E v i -
d e n z. Gewissermaßen in ihrer Entdeckung liegt die historische
Bedeutung der Cartesianischen Zweifelbetrachtung. Aber ent-
5 decken und fallen lassen war bei Descartes eines. Wir tun nichts
weiter als reinlich fassen und konsequent fortführen, was in
dieser uralten Intention schon lag. — Mit der psychologistischen
Gefühlsinterpretation der Evidenz haben wir uns in diesem
Zusammenhang auseinandergesetzt.

C. D e r p h ä n o m e n o l o g i s c h e n B e t r a c h t u n g
d r i t t e S t u f e

10 Abermals bedarf es nun einer neuen Schicht von Überlegungen,
um uns in der Klarheit über den Sinn der Phänomenologie und
phänomenologischen Problematik höher zu führen.

Wie weit reicht Selbstgegebenheit? Ist sie beschlossen in der
Gegebenheit der *cogitatio* und der sie generell fassenden Ideatio-
15 nen? Soweit sie reicht, soweit «reicht» unsere phänomenologische
Sphäre, die Sphäre der absoluten Klarheit, der Immanenz im
echten Sinn.

Wir wurden nun etwas mehr in die Tiefe geführt, und in den
Tiefen liegen die Dunkelheiten und in den Dunkelheiten die
20 Probleme.

Zunächst schien alles schlicht und kaum sehr schwierige
Arbeit von uns fordernd. Das Vorurteil der Immanenz als reeller
Immanenz, als ob es auf sie gerade ankomme, mag man ab-
werfen, aber an der reellen Immanenz bleibt man doch zunächst
25 haften, wenigstens in gewissem Sinne. Es scheint zunächst, daß
die Wesensbetrachtung nur das den *cogitationes* reell Immanente
generell zu fassen und die in den Wesen gründenden Verhältnisse festzustellen habe; also scheinbar eine leichte Sache. Man
übt Reflexion, blickt auf die eigenen Akte zurück, läßt ihre
30 reellen Inhalte, wie sie sind, gelten, nur unter phänomenologischer Reduktion ; dies scheint die einzige Schwierigkeit. Und
nun natürlich nichts weiter als das Geschaute in das Allgemeinheitsbewußtsein zu erheben.

Die Sache wird aber weniger gemütlich, wenn wir uns die
35 Gegebenheiten näher ansehen. Zunächst: die *cogitationes*, die

wir als schlichte Gegebenheiten für so gar nichts Mysteriöses halten, bergen allerlei Transzendenzen.

Wenn wir näher zusehen und nun achten, wie im Erlebnis etwa eines Tones, auch nach phänomenologischer Reduktion, 5 sich E r s c h e i n u n g   u n d   E r s c h e i n e n d e s   g e g e n - ü b e r s e t z e n und sich gegenübersetzen i n m i t t e n   d e r r e i n e n   G e g e b e n h e i t, also der echten Immanenz, so werden wir stutzig. Der Ton dauert etwa; da haben wir die evident gegebene Einheit des Tones und seiner Zeitstrecke mit 10 ihren Zeitphasen, der Jetztphase und den Vergangenheitsphasen; andrerseits, wenn wir reflektieren, das Phänomen der Tondauer, das selbst ein zeitliches ist, seine jeweilige Jetztphase hat und seine Gewesenheitsphasen. Und in einer herausgegriffenen Jetzt- phase des Phänomens ist nicht nur gegenständlich das Jetzt des 15 Tones selbst, sondern das Tonjetzt ist nur ein Punkt in einer Tondauer.

Diese Andeutung genügt schon — ausführliche Analysen werden zu unseren speziellen Aufgaben in der Folgezeit ge- hören —, um uns auf das Neue aufmerksam zu machen: das 20 Phänomen der Tonwahrnehmung, und zwar der evidenten und reduzierten, fordert innerhalb der Immanenz eine Unterscheidung zwischen E r s c h e i n u n g   u n d   E r s c h e i n e n d e m. Also zwei absolute Gegebenheiten haben wir, die Gegebenheit des Erscheinens und die Gegebenheit des Gegenstandes, und der 25 Gegenstand ist innerhalb dieser Immanenz nicht in dem reellen Sinne immanent [1]), er ist nicht Stück der Erscheinung: näm- lich die vergangenen Phasen der Tondauer sind jetzt noch gegen- ständlich und doch nicht reell im Jetztpunkt der Erscheinung enthalten. Also dasselbe, was wir auch beim Allgemeinheits- 30 bewußtsein fanden, daß es ein Bewußtsein ist, das eine Selbst- gegebenheit konstituiert, die nicht im Reellen enthalten ist und überhaupt nicht als *cogitatio* zu finden ist, das finden wir auch beim Phänomen der Wahrnehmung.

Auf der untersten Stufe der Betrachtung, im Stande der Naivi- 35 tät, scheint es zunächst so, als wäre Evidenz ein bloßes Schauen, ein wesenloser Blick des Geistes, überall ein und dasselbe und in sich unterschiedslos: das Schauen schaut eben die Sachen,

---

[1]) Im Ms *transzendent*.

GEDANKENGANG DER VORLESUNGEN

die Sachen sind einfach da und im wahrhaft evidenten Schauen im Bewußtsein da, und das Schauen schaut eben einfach auf sie hin. Oder mit dem Bilde aus dem anderen Sinn: ein direktes Fassen oder Nehmen oder Hinzeigen auf etwas, das einfach ist
5 und da ist. Aller Unterschied «ist» also in den Sachen, die für sich sind und durch sich ihre Unterschiede haben.

Und nun wie anders erweist sich das Schauen der Sachen bei näherer Analyse. Mag man unter dem Titel Aufmerksamkeit das an sich unbeschreibliche und unterschiedslose Schauen noch
10 festhalten, so zeigt es sich doch, daß es eigentlich gar keinen Sinn hat von Sachen zu sprechen, die einfach da sind und eben nur geschaut werden brauchen, sondern dieses „einfach dasein" das sind gewisse Erlebnisse von spezifischer und wechselnder Struktur, als da ist Wahrnehmung, Phantasie, Erinnerung,
15 Prädikation u.s.w., und in ihnen sind nicht die Sachen etwa wie in einer Hülse oder einem Gefäß, sondern in ihnen k o n s t i - t u i e r e n sich die Sachen, die reell in ihnen gar nicht zu fin- den sind. „Gegebensein der Sachen", das ist sich so und so in solchen Phänomenen d a r s t e l l e n (vorgestellt sein). Und
20 dabei sind nicht etwa die Sachen dann noch einmal für sich selbst da und „schicken in das Bewußtsein ihre Repräsentanten hinein". Dergleichen kann uns nicht einfallen innerhalb der Sphäre der phänomenologischen Reduktion, sondern die Sachen sind und sind in der Erscheinung und vermöge der Erscheinung
25 selbst gegeben; sie sind oder gelten von der Erscheinung zwar als individuell abtrennbar, sofern es nicht auf diese einzelne Erscheinung (Gegebenheitsbewußtsein) ankommt, aber essen- tiell, dem Wesen nach, unabtrennbar.

Also das zeigt sich überall, diese wunderbare Korrelation
30 zwischen E r k e n n t n i s p h ä n o m e n und E r k e n n t - n i s o b j e k t. Nun merken wir, daß die Aufgabe der Phäno- menologie, oder vielmehr das Feld ihrer Aufgaben und Unter- suchungen keine so triviale Sache ist, als ob man bloß zu schauen, bloß die Augen aufzumachen hätte. Schon bei den ersten und
35 einfachsten Fällen, bei den niedersten Formen der Erkenntnis, stellen sich der reinen Analyse und Wesensbetrachtung die größten Schwierigkeiten entgegen; es ist leicht, allgemein von der Korrelation zu sprechen, aber sehr schwer, die Art, wie ein Erkenntnisobjekt sich in der Erkenntnis k o n s t i t u i e r t,

GEDANKENGANG DER VORLESUNGEN

zur Klarheit zu bringen. Und die Aufgabe ist nun doch die, innerhalb des Rahmens reiner Evidenz oder Selbstgegebenheit allen Gegebenheitsformen und allen Korrelationen nachzugehen und an allen die auf-
5 klärende Analyse zu betreiben. Und natürlich kommen da nicht nur die einzelnen Akte in Betracht, sondern auch ihre Komplexionen, ihre Zusammenhänge der Einstimmigkeit und Unstimmigkeit und die daran zutage tretenden Teleologien. Diese Zusammenhänge sind nicht Konglomerationen sondern eigen-
10 tümlich verbundene, sich gleichsam deckende Einheiten und Einheiten der Erkenntnis, die als Erkenntniseinheiten auch ihre einheitlichen gegenständlichen Korrelate haben. Also sie gehören selbst mit zu den Erkenntnisakten, ihre Typen sind Erkenntnistypen, die ihnen einwohnenden Formen die Denk-
15 formen und Anschauungsformen (das Wort hier nicht im kantischen Sinne verstanden).

Es gilt nun, schrittweise den Gegebenheiten in allen Modifikationen nachzugehen, den eigentlichen und uneigentlichen, den schlichten und synthetischen, den sozusagen mit einem
20 Schlage sich konstituierenden und den sich ihrem Wesen nach nur schrittweise aufbauenden, den absolut geltenden und den eine Gegebenheit und Geltungsfülle sich im Erkenntnisprozeß in unbegrenzter Steigerung zueignenden.

Auf diesem Wege gelangen wir schließlich auch zum Verständ-
25 nis, wie das transzendente reale Objekt im Erkenntnisakt getroffen (die Natur erkannt) werden kann, als was es zunächst gemeint ist, und wie der Sinn dieser Meinung sich im fortlaufenden Erkenntniszusammenhange (woferne er nur die gehörigen Formen hat, die eben zur Konstitution des Erfahrungsobjektes
30 gehören) schrittweise erfüllt. Wir verstehen dann, wie das Erfahrungsobjekt kontinuierlich sich konstituiert und wie diese Art der Konstitution ihm eben vorgeschrieben ist, daß es seinem Wesen nach eben solche schrittweise Konstitution fordert.

Offenbar liegen auf diesem Wege die methodischen Formen, die
35 für alle Wissenschaften bestimmend und für alle wissenschaftlichen Gegebenheiten konstitutiv sind, also die Aufklärung der Wissenschaftstheorie und dadurch implizite die Aufklärung aller Wissenschaften: aber freilich nur implizite, d.h. Erkenntniskritik wird, wenn diese ungeheure aufklärende Arbeit geleistet

14 GEDANKENGANG DER VORLESUNGEN

ist, Kritik an den Einzelwissenschaften zu üben befähigt sein
und damit befähigt zu ihrer metaphysischen Auswertung.

Das sind also die Probleme der Gegebenheit, die Probleme der
K o n s t i t u t i o n   v o n   G e g e n s t ä n d l i c h k e i t e n   j e -
5 d e r   A r t   i n   d e r   E r k e n n t n i s. Die Phänomenologie der
Erkenntnis ist Wissenschaft von den Erkenntnisphänomenen in
dem doppelten Sinn, von den Erkenntnissen als Erscheinungen,
Darstellungen, Bewußtseinsakten, in denen sich diese und jene
Gegenständlichkeiten darstellen, bewußt werden, passiv oder
10 aktiv, und andrerseits von diesen Gegenständlichkeiten selbst
als sich so darstellenden. Das Wort Phänomen ist doppelsinnig
vermöge der wesentlichen Korrelation zwischen E r s c h e i n e n
und E r s c h e i n e n d e m. Φαινόμενον heißt eigentlich das
Erscheinende und ist aber doch vorzugsweise gebraucht für das
15 Erscheinen selbst, das subjektive Phänomen (wenn dieser grob
psychologisch mißzuverstehende Ausdruck gestattet ist).

In der Reflexion wird die *cogitatio*, das Erscheinen selbst
zum Gegenstande, und das begünstigt die Ausbildung der Äqui-
vokation. Endlich braucht nicht abermals betont zu werden,
20 daß, wenn von Erforschung der Erkenntnisgegenstände und der
Erkenntnismodi die Rede ist, diese immer als Wesensforschung
gemeint ist, die generell in der Sphäre absoluter Gegebenheit
den letzten Sinn, die Möglichkeit, das Wesen von Gegenständlichkeit der Erkenntnis und von Erkenntnis der Gegenständ-
25 lichkeit herausstellt.

Natürlich hat die a l l g e m e i n e   P h ä n o m e n o l o g i e
d e r   V e r n u n f t auch die parallelen Probleme für die Korrelation von W e r t u n g und W e r t etc. zu lösen. Gebraucht
man das Wort Phänomenologie so weit, daß «die» Analyse aller
30 Selbstgegebenheit umspannt würde, so würden damit doch wohl
zusammenhanglose Data zusammenkommen: Analyse der sinn-
lichen Gegebenheiten nach ihren verschiedenen Gattungen usw.
— das Gemeinsame ist dann im Methodischen der Wesensanalyse
in der Sphäre der unmittelbaren Evidenz.

I. VORLESUNG

Natürliche Denkhaltung und Wissenschaft S. 17. — Philosophische (reflexive) Denkhaltung S. 18. — Die Widersprüche der Erkenntnisreflexion in natürlicher Einstellung S. 20. — Die doppelte Aufgabe der wahren Erkenntniskritik S. 22. — Die wahre Erkenntniskritik als Phänomenologie der Erkenntnis S. 23. — Die neue Dimension der Philosophie; ihre eigene Methode gegenüber der Wissenschaft S. 24.

Ich habe in früheren Vorlesungen unterschieden zwischen n a t ü r l i c h e r und p h i l o s o p h i s c h e r W i s s e n - s c h a f t; die erstere entspringt aus der natürlichen, die letztere aus der philosophischen Geisteshaltung.

5 N a t ü r l i c h e G e i s t e s h a l t u n g ist um Erkenntnis- kritik noch unbekümmert. In der natürlichen Geisteshaltung sind wir anschauend und denkend d e n S a c h e n zugewandt, die uns jeweils gegeben sind und selbstverständlich gegeben sind, wenn auch in verschiedener Weise und in verschiedener

10 Seinsart, je nach Erkenntnisquelle und Erkenntnisstufe. In der Wahrnehmung z.B. steht uns selbstverständlich ein Ding vor Augen; es ist da inmitten der anderen Dinge, lebendigen und leblosen, beseelten und unbeseelten, also inmitten einer Welt, die partiell wie die einzelnen Dinge in die Wahrnehmung fällt,

15 partiell auch im Zusammenhange der Erinnerung gegeben ist und sich von da aus ins Unbestimmte und Unbekannte ausbreitet.

Auf diese Welt beziehen sich unsere Urteile. Über die Dinge, ihre Relationen, ihre Veränderungen, ihre funktionellen Ände- rungsabhängigkeiten und Änderungsgesetze machen wir teils

20 singuläre, teils allgemeine Aussagen. Wir drücken aus, was uns direkte Erfahrung bietet. Den Erfahrungsmotiven folgend, schließen wir vom direkt Erfahrenen (Wahrgenommenen und Erinnerten) auf nicht Erfahrenes; wir generalisieren, wir über- tragen dann wieder allgemeine Erkenntnis auf einzelne Fälle,

25 oder deduzieren im analytischen Denken aus allgemeinen Er- kenntnissen neue Allgemeinheiten. Erkenntnisse folgen nicht bloß auf Erkenntnisse in der Weise der bloßen Aneinanderrei- hung, sie treten zueinander in logische Beziehungen, sie folgen auseinander, sie „stimmen" zueinander, sie bestätigen sich, ihre

30 logische Kraft gleichsam verstärkend.

Andrerseits treten sie zueinander auch in Verhältnisse des Widerspruchs und Widerstreits, sie stimmen zueinander nicht, sie werden durch g e s i c h e r t e Erkenntnis aufgehoben, zu

Die Idee der Phänomenologie   2

18   I. VORLESUNG

bloßen Erkenntnisprätentionen herabgesetzt. Die Widersprüche
entspringen vielleicht der Sphäre der Gesetzmäßigkeit der rein
prädikativen Form: wir sind Äquivokationen unterlegen, haben
Trugschlüsse begangen, haben uns verzählt oder verrechnet.
5 Steht es so, dann stellen wir die formale Einstimmigkeit her,
wir lösen die Äquivokationen auf und dgl.

Oder die Widersprüche stören den Motivationszusammen-
hang, der die Erfahrung stiftet: Erfahrungsgründe streiten mit
Erfahrungsgründen. Wie helfen wir uns da? Nun wir wägen
10 die Gründe für die verschiedenen Bestimmungs- oder Erklärungs-
möglichkeiten ab, die schwächeren müssen den stärkeren weichen,
die nun ihrerseits solange gelten, als sie eben Stand halten, d.h.
solange sie nicht einen ähnlichen logischen Kampf gegen neue
Erkenntnismotive, die eine erweiterte Erkenntnissphäre her-
15 einbringt, auskämpfen müssen.

So schreitet die natürliche Erkenntnis fort. Sie bemächtigt sich
in immer weiterem Umfang der von vornherein selbstverständlich existierenden und gegebenen und nur nach Umfang und
Inhalt, nach Elementen, Verhältnissen, Gesetzen näher zu er-
20 forschenden Wirklichkeit. So werden und wachsen die verschiedenen natürlichen Wissenschaften, die Naturwissenschaften als
Wissenschaften von der physischen und psychischen Natur,
die Geisteswissenschaften, andrerseits die mathematischen Wissenschaften, die Wissenschaften von den Zahlen, den Mannig-
25 faltigkeiten, den Verhältnissen usw. In den letzteren Wissenschaften handelt es sich nicht um reale Wirklichkeiten, sondern
um ideale, an sich gültige, im übrigen aber auch von vornherein
fraglose Möglichkeiten.

In jedem Schritt der natürlichen wissenschaftlichen Erkenntnis
30 ergeben und lösen sich Schwierigkeiten, und sie tun es rein
l o g i s c h oder s a c h l i c h, auf Grund der Antriebe oder
Denkmotive, die eben in den Sachen liegen, gleichsam von
ihnen auszugehen scheinen als F o r d e r u n g e n, die sie, diese
Gegebenheiten, an die Erkenntnis stellen.
35 Wir kontrastieren nun mit der n a t ü r l i c h e n D e n k-
h a l t u n g, bzw. den natürlichen Denkmotiven die p h i l o-
s o p h i s c h e n.

Mit dem Erwachen der Reflexion über das Verhältnis von
Erkenntnis und Gegenstand tun sich abgrundtiefe Schwierig-

I. VORLESUNG 19

keiten auf. Die Erkenntnis, im natürlichen Denken die aller-
selbstverständlichste Sache, steht mit einem Mal als Mysterium
da. Doch ich muß genauer sein. S e l b s t v e r s t ä n d l i c h
ist dem natürlichen Denken die Möglichkeit der Erkenntnis.
5 Sich unendlich fruchtbar betätigend, in immer neuen Wissenschaften von Entdeckung zu Entdeckung fortschreitend hat das
natürliche Denken keinen Anlaß, die Frage nach der Möglichkeit der Erkenntnis überhaupt aufzuwerfen. Zwar wird ihm wie
alles, was in der Welt vorkommt, so auch die E r k e n n t n i s
10 in g e w i s s e r W e i s e zum Problem, sie wird zum Objekt
natürlicher Forschung. Die Erkenntnis ist eine Tatsache der
Natur, sie ist Erlebnis irgendwelcher erkennender organischer
Wesen, sie ist ein psychologisches Faktum. Nach ihren Arten
und Zusammenhangsformen kann sie beschrieben, in ihren gene-
15 tischen Verhältnissen erforscht werden wie jedes psychologische
Faktum. Andrerseits ist Erkenntnis ihrem Wesen nach E r -
k e n n t n i s v o n G e g e n s t ä n d l i c h k e i t, und sie ist
es durch den ihr immanenten S i n n, mit dem sie sich auf
Gegenständlichkeit b e z i e h t. Auch in diesen Beziehungen
20 betätigt sich schon natürliches Denken. Es macht die apriorischen Zusammenhänge der Bedeutungen und Bedeutungs-
geltungen, die apriorischen Gesetzmäßigkeiten, die zur Gegenständlichkeit a l s s o l c h e r gehören, in f o r m a l e r Allgemeinheit zum Gegenstande der Forschung ; es erwächst eine
25 r e i n e G r a m m a t i k und in höherer Stufe eine reine
Logik (vermöge ihrer verschiedenen möglichen Begrenzungen
ein ganzer Komplex von Disziplinen) und wieder erwächst eine
normative und praktische Logik als eine Kunstlehre des Denkens und zumal des wissenschaftlichen Denkens.
30 Soweit stehen wir noch immer auf dem Boden des n a t ü r-
l i c h e n Denkens [1]).
Aber gerade die soeben zu Zwecken einer Gegenüberstellung
von Psychologie der Erkenntnis und reiner Logik und den Onto-
logien berührte Korrelation zwischen Erkenntniserlebnis, Bedeu-
35 tung und Gegenstand ist die Quelle der tiefsten und schwierig-
sten Probleme, in eins gefaßt des Problems von der Möglichkeit
der Erkenntnis.

---

[1]) Vgl. Beilage I.

20   I. VORLESUNG

In allen ihren Ausgestaltungen ist die Erkenntnis ein psy-
chisches Erlebnis: Erkenntnis des erkennenden Subjekts. Ihr
stehen die erkannten Objekte gegenüber. Wie kann nun aber
die Erkenntnis ihrer Übereinstimmung mit den erkannten Ob-
5 jekten gewiß werden, wie kann sie über sich hinaus und ihre
Objekte zuverlässig treffen? Die dem natürlichen Denken selbstverständliche Gegebenheit der Erkenntnisobjekte in der Erkenntnis wird zum Rätsel. In der Wahrnehmung soll das wahrgenommene Ding unmittelbar gegeben sein. Da steht das Ding vor
10 meinem es wahrnehmenden Auge, ich sehe und greife es. Aber
die Wahrnehmung ist bloß Erlebnis meines, des wahrnehmenden,
Subjektes. Ebenso sind Erinnerung und Erwartung, sind alle
darauf gebauten Denkakte, durch die es zur mittelbaren Setzung
eines realen Seins und zur Festsetzung jederlei W a h r h e i t
15 über das Sein kommt, subjektive Erlebnisse. Woher weiß ich,
der Erkennende, und kann ich je zuverlässig wissen, daß nicht
nur meine Erlebnisse, diese Erkenntnisakte, sind, sondern auch
daß ist, was sie erkennen, ja daß überhaupt irgend etwas ist,
das als Objekt der Erkenntnis gegenüber zu setzen wäre?
20   Soll ich sagen: nur die Phänomene sind dem Erkennenden
wahrhaft gegeben, über den Zusammenhang seiner Erlebnisse
kommt er nie und nimmer hinaus, also kann er mit wahrhaftem
Rechte nur sagen: Ich bin, alles Nicht-Ich ist bloß Phänomen,
löst sich in phänomenale Zusammenhänge auf? Soll ich mich
25 also auf den Standpunkt des Solipsismus stellen? Eine harte
Zumutung. Soll ich mit *Hume* alle transzendente Objektivität
auf Fiktionen reduzieren, die sich mittels der Psychologie erklären, aber nicht vernunftmäßig rechtfertigen lassen? Aber
auch das ist eine harte Zumutung. Transzendiert nicht wie
30 jede, so auch die Hume'sche Psychologie die Sphäre der Immanenz? Operiert sie unter den Titeln: Gewohnheit, menschliche
Natur (*human nature*), Sinnesorgan, Reiz und dgl. nicht mit
transzendenten (und nach ihrem eigenen Eingeständnis transzendenten) Existenzen, während ihr Ziel darauf gerichtet ist,
35 alles Transzendieren der aktuellen „Impressionen" und „Ideen"
zur Fiktion zu degradieren? [1]).
Aber was nützt die Berufung auf Widersprüche, wenn die

---

[1]) Vgl. Beilage II.

Logik selbst in Frage ist und problematisch wird. In der Tat, die reale Bedeutung der logischen Gesetzlichkeit, die für das natürliche Denken außer aller Frage steht, wird nun fraglich und selbst zwei-
5 felhaft. Biologische Gedankenreihen drängen sich auf. Wir werden an die moderne Entwicklungstheorie erinnert, wonach sich der Mensch etwa im Kampf ums Dasein und durch natür-liche Zuchtwahl entwickelt hat, und mit ihm natürlich auch sein Intellekt und mit dem Intellekt auch alle die ihm eigentüm-
10 lichen Formen, näher die logischen Formen. Drücken danach die logischen Formen und logischen Gesetze nicht die zufällige Eigenart der menschlichen Species aus, die auch anders sein könnte und im Verlauf der künftigen Entwicklung auch anders sein wird? Erkenntnis ist also wohl nur menschliche
15 Erkenntnis, gebunden an die menschlichen in-tellektualen Formen, unfähig die Natur der Dinge selbst, die Dinge an sich zu treffen.

Aber alsbald springt wieder ein Unsinn hervor: die Erkennt-nisse, mit denen eine solche Ansicht operiert und selbst die
20 Möglichkeiten, die sie erwägt, haben sie noch Sinn, wenn die logischen Gesetze in solchem Relativismus dahingegeben wer-den? Setzt die Wahrheit, es bestehe die und die Möglichkeit, nicht die absolute Geltung des Satzes vom Widerspruch implizite voraus, wonach mit einer Wahrheit die Kontradiktion ausge-
25 schlossen ist?

Diese Beispiele mögen genügen. Die Möglichkeit der Erkenntnis wird überall zum Rätsel. Leben wir uns in die natürlichen Wis-senschaften ein, so finden wir, soweit sie exakt entwickelt sind, alles klar und verständlich. Wir sind sicher, im Besitz objektiver
30 Wahrheit zu sein, begründet durch zuverlässige, die Objektivität wirklich treffende Methoden. Sowie wir aber reflektieren, ge-raten wir in Irrungen und Verwirrungen. Wir verwickeln uns in offenbare Unzuträglichkeiten und selbst Widersprüche. Wir sind in ständiger Gefahr, in den Skeptizismus zu verfallen, oder
35 besser: in irgend eine der verschiedenen Formen des Skep-tizismus, deren gemeinsames Merkmal leider ein und dasselbe ist: der Widersinn.

Der Tummelplatz dieser unklaren und widerspruchsvollen Theorien, sowie der damit zusammenhängenden endlosen Strei-

22 I. VORLESUNG

tigkeiten, ist die E r k e n n t n i s t h e o r i e und die mit ihr
historisch wie sachlich innig verwobene M e t a p h y s i k. Die
Aufgabe der Erkenntnistheorie oder Kritik der theoretischen
Vernunft ist zunächst eine kritische. Sie hat die Verkehrtheiten,
5 in welche die natürliche Reflexion über das Verhältnis von
Erkenntnis, Erkenntnissinn und Erkenntnisobjekt fast unver-
meidlich gerät, zu brandmarken, also die offenen oder versteckten
skeptischen Theorien über das Wesen der Erkenntnis durch
Nachweisung ihres Widersinns zu widerlegen.

10 Andrerseits ist es ihre positive Aufgabe, durch Erforschung
des Wesens der Erkenntnis die zur Korrelation von Erkenntnis,
Erkenntnissinn und Erkenntnisobjekt gehörigen Probleme zur
Lösung zu bringen. Zu diesen Problemen gehört auch die Her-
ausstellung des Wesens-Sinnes von erkennbarer Gegenständ-
15 lichkeit oder, was dasselbe ist, von Gegenständlichkeit überhaupt:
des Sinnes, der ihr vermöge der Korrelation von Erkenntnis und
Erkenntnisgegenständlichkeit apriori (das ist dem Wesen nach)
vorgeschrieben ist. Und dies betrifft natürlich auch alle durch
das Wesen der Erkenntnis vorgezeichneten Grundgestaltungen
20 von Gegenständlichkeiten überhaupt. (Die ontologischen Formen,
die apophantischen wie metaphysischen.)

Eben durch die Lösung dieser Aufgaben wird die Erkenntnistheorie zur Erkenntniskritik befähigt, deutlicher zur K r i t i k
d e r n a t ü r l i c h e n E r k e n n t n i s in allen natürlichen
25 Wissenschaften. Sie setzt uns dann nämlich in Stand, die Ergebnisse der natürlichen Wissenschaften hinsichtlich des Seienden
in der richtigen und endgiltigen Weise zu interpretieren. Denn
die erkenntnistheoretische Verworrenheit, in die uns die natürliche (vorerkenntnistheoretische) Reflexion über Erkenntnis-
30 möglichkeit (über eine mögliche Triftigkeit der Erkenntnis) versetzte, bedingt nicht nur falsche Ansichten über das Wesen der
Erkenntnis, sondern auch grundverkehrte, weil in sich selbst
widersprechende I n t e r p r e t a t i o n e n des in den natürlichen Wissenschaften erkannten Seins. Je nach der in Folge
35 jener Reflexionen für nötig erachteten Interpretation wird ein
und dieselbe Naturwissenschaft in materialistischem, spiritua-
listischem, dualistischem, psychomonistischem, positivistischem
und mancherlei anderm Sinn interpretiert. Erst die erkenntnistheoretische Reflexion erzeugt also die Scheidung zwischen

I. VORLESUNG

natürlicher Wissenschaft und Philosophie. Erst durch sie kommt
zutage, daß die natürlichen Seinswissenschaften nicht endgiltige
Seinswissenschaften sind. Es bedarf einer Wissenschaft vom
Seienden in absolutem Sinn. Diese Wissenschaft, die wir
5 M e t a p h y s i k nennen, erwächst aus einer „Kritik" der natürlichen Erkenntnis in den einzelnen Wissenschaften auf Grund
der in der allgemeinen Erkenntniskritik gewonnenen Einsicht
in das Wesen der Erkenntnis und der Erkenntnisgegenständlichkeit nach ihren verschiedenen Grundgestaltungen, in den Sinn
10 der verschiedenen fundamentalen Korrelationen zwischen Erkenntnis und Erkenntnisgegenständlichkeit.

Sehen wir von den metaphysischen Abzweckungen der Erkenntniskritik ab, halten wir uns rein an ihre Aufgabe, d a s
W e s e n   d e r   E r k e n n t n i s   u n d   E r k e n n t n i s g e -
15 g e n s t ä n d l i c h k e i t   a u f z u k l ä r e n, so ist sie P h ä -
n o m e n o l o g i e   d e r   E r k e n n t n i s   u n d   E r k e n n t -
n i s g e g e n s t ä n d l i c h k e i t und bildet das erste und
Grundstück der Phänomenologie überhaupt.

Phänomenologie: das bezeichnet eine Wissenschaft, einen
20 Zusammenhang von wissenschaftlichen Disziplinen; Phänomenologie bezeichnet aber zugleich und vor allem eine Methode und Denkhaltung: die spezifisch p h i l o s o p h i s c h e
D e n k h a l t u n g, die spezifisch p h i l o s o p h i s c h e   M e -
t h o d e.
25 In der zeitgenössischen Philosophie, soweit sie Anspruch
erhebt, ernste Wissenschaft zu sein, ist es fast zum Gemeinplatz
geworden, daß es nur eine allen Wissenschaften und somit auch
der Philosophie gemeinsame Erkenntnismethode geben könne.
Diese Überzeugung entspricht vollkommen den großen Traditio-
30 nen der Philosophie des 17. Jahrhunderts, die ja auch meinte,
alles Heil der Philosophie hänge davon ab, daß sie die exakten
Wissenschaften zum methodischen Vorbild nehme, vor allem
also die Mathematik und die mathematische Naturwissenschaft.
Mit der methodischen hängt auch die sachliche Gleichstellung
35 der Philosophie mit den anderen Wissenschaften zusammen,
und man muß gegenwärtig noch als die vorherrschende Meinung
bezeichnen, daß die Philosophie, und näher die oberste Seins-
und Wissenschaftslehre, nicht nur auf alle sonstigen Wissenschaften bezogen, sondern auch auf deren Ergebnisse gegründet

24   I. VORLESUNG

sein könne: in derselben Art wie Wissenschaften sonst aufeinander gegründet sind, die Ergebnisse der einen als Prämissen für die anderen fungieren können. Ich erinnere an die beliebten Begründungen der Erkenntnistheorie durch Erkenntnispsychologie und
5 Biologie. In unseren Tagen häufen sich die Reaktionen gegen diese verhängnisvollen Vorurteile. In der Tat, es sind Vorurteile.

In der natürlichen Forschungssphäre kann eine Wissenschaft auf eine andere sich ohne weiteres bauen und kann die eine für
10 die andere als methodisches Vorbild dienen, wenn auch nur in gewissen durch die Natur der jeweiligen Forschungsgebiete bestimmten und begrenzten Ausmaßen. Die Philosophie aber liegt in einer völlig neuen Dimension. Sie bedarf völlig neuer Ausgangspunkte und
15 einer völlig neuen Methode, die sie von jeder „natürlichen" Wissenschaft prinzipiell unterscheidet. Darin liegt, daß die logischen Verfahrungsweisen, die den natürlichen Wissenschaften Einheit geben, mit allen von Wissenschaft zu Wissenschaft wechselnden speziellen Methoden, einen einheitlichen prinzi-
20 piellen Charakter haben, dem sich die methodischen Verfahrungsweisen der Philosophie gegenübersetzen als eine im Prinzip neue Einheit. Und wieder liegt darin, daß die reine Philosophie innerhalb der gesamten Erkenntniskritik und der „kritischen" Disziplinen überhaupt von der ganzen in den natürlichen
25 Wissenschaften und in der wissenschaftlich nicht organisierten natürlichen Weisheit und Kunde geleisteten Denkarbeit absehen muß und von ihr keinerlei Gebrauch machen darf.

Vorweg wird uns diese Lehre, deren nähere Begründung die weiteren Ausführungen geben werden, durch folgende Überlegung
30 nahe gebracht.

Im skeptischen Medium, das die erkenntniskritische Reflexion (ich meine die erste, vor der wissenschaftlichen Erkenntniskritik liegende und in der natürlichen Denkweise sich vollziehende) notwendig erzeugt, hört jede natürliche Wissenschaft und jede
35 natürliche wissenschaftliche Methode auf, als ein verfügbarer Besitz zu gelten. Denn objektive Triftigkeit der Erkenntnis überhaupt ist nach Sinn und Möglichkeit rätselhaft und dann auch zweifelhaft geworden, und exakte Erkenntnis wird dabei nicht minder rätselhaft als nicht-exakte, wissenschaftliche nicht

minder als vorwissenschaftliche. Fraglich wird die Möglichkeit der Erkenntnis, genauer die Möglichkeit, wie sie eine Objektivität, die doch in sich ist, was sie ist, treffen kann. Dahinter aber liegt : daß die Leistung der Erkenntnis, der Sinn ihres Geltungs- oder
5 Rechtsanspruches, der Sinn der Unterscheidung zwischen giltiger und bloß prätendierter Erkenntnis in Frage ist; ebenso andererseits der Sinn einer Gegenständlichkeit, die ist und ist, was sie ist, ob sie erkannt wird oder nicht und die doch als Gegenständlichkeit Gegenständlichkeit möglicher Erkenntnis ist, prinzipiell
10 erkennbar, auch wenn sie faktisch nie erkannt worden ist und erkennbar sein wird, prinzipiell wahrnehmbar, vorstellbar, durch Prädikate in einem möglichen urteilenden Denken bestimmbar usw.

Es ist aber nicht abzusehen, wie ein Operieren mit Voraus-
15 setzungen, die der natürlichen Erkenntnis entnommen und in ihr noch so „exakt begründet" sind, uns dazu verhelfen könne, die erkenntniskritischen Bedenken zu lösen, die erkenntniskritischen Probleme zu beantworten. Ist Sinn und Wert der natürlichen Erkenntnis ü b e r h a u p t mit a l l e n ihren
20 methodischen Veranstaltungen, mit allen ihren exakten Begründungen problematisch geworden, so trifft dies auch jeden als Ausgangspunkt vorzugebenden Satz aus der natürlichen Erkenntnissphäre und jede vorgeblich exakte Methode der Begründung. Strengste Mathematik und mathematische Naturwissenschaft
25 hat hier nicht den mindesten Vorzug vor irgend einer wirklichen oder vorgeblichen Erkenntnis der gemeinen Erfahrung. Es ist also klar, daß gar keine Rede davon sein kann, es habe die Philosophie (die doch mit der Erkenntniskritik anhebt und die mit allem, was sie sonst ist, in der Erkenntniskritik wurzelt) sich nach
30 den exakten Wissenschaften methodisch (oder gar sachlich!) zu orientieren, sie habe sich deren Methodik zum Vorbild zu nehmen, es komme ihr zu, nach einer prinzipiell in allen Wissenschaften identischen Methodik die in den exakten Wissenschaften geleistete Arbeit nur fortzuführen und zu vollenden. Die Philo-
35 sophie liegt, ich wiederhole es, in einer gegenüber aller natürlichen Erkenntnis n e u e n D i m e n s i o n, und der neuen Dimension, möge sie auch, wie das schon in der bildlichen Rede liegt, ihre wesentlichen Zusammenhänge mit den alten Dimensionen haben, entspricht eine n e u e, von Grund auf neue M e t h o d e, die

der „natürlichen" entgegengesetzt ist. Wer das leugnet, der hat die ganze der Erkenntniskritik eigentümliche Problemschicht nicht verstanden und hat somit auch nicht verstanden, was Philosophie eigentlich will und soll, und was ihr, aller natürlichen Erkenntnis und Wissenschaft gegenüber, Eigenart und Eigenberechtigung verleiht. [1])

---

[1]) Ursprüngliche Fortsetzung s. Anhang.

II. VORLESUNG

Der Anfang der Erkenntniskritik: das In-Frage-stellen jeglichen Wissens S. 29 — Gewinnung des absolut gewissen Bodens im Anschluß an Descartes' Zweifelsbetrachtung S. 30. — Die Sphäre der absoluten Gegebenheiten S. 31. — Wiederholung und Ergänzung; Widerlegung des Argumentes gegen die Möglichkeit einer Erkenntniskritik S. 32 — Das Rätsel der natürlichen Erkenntnis: die Transzendenz S. 34. — Scheidung zweier Begriffe von Immanenz und Transzendenz S. 35. — Das erste Problem der Erkenntniskritik: die Möglichkeit transzendenter Erkenntnis S. 36. — Das Prinzip der erkenntnistheoretischen Reduktion S. 39.

Im Anfang der Erkenntniskritik ist also die ganze Welt, die physische und psychische Natur, schließlich auch das eigene menschliche Ich mitsamt allen Wissenschaften, die sich auf diese Gegenständlichkeiten beziehen, mit dem Index der F r a g l i c h -
5 k e i t zu versehen. Ihr Sein, ihre Geltung bleibt dahingestellt.
Wie kann sich, das ist nun die Frage, E r k e n n t n i s k r i -
t i k e t a b l i e r e n? Als wissenschaftliche Selbstverständi-
gung der Erkenntnis will sie wissenschaftlich erkennend und damit objektivierend feststellen, was Erkenntnis ihrem Wesen
10 nach ist, was im Sinne der Beziehung auf eine Gegenständlich-
keit liegt, die ihr zugeschrieben wird, und der gegenständlichen Giltigkeit oder Triftigkeit, wenn sie Erkenntnis im echten Verstande sein soll. Die ἐποχή, die die Erkenntniskritik üben muß, kann nicht den Sinn haben, daß sie damit nicht nur anfängt,
15 sondern auch dabei bleibt, jede Erkenntnis in Frage zu stellen, also auch ihre eigene, und keine Gegebenheit gelten zu lassen, also auch diejenige nicht, die sie selbst feststellt. Darf sie nichts als v o r g e g e b e n voraussetzen, so muß sie mit irgendeiner Erkenntnis anheben, die sie nicht anderweits unbesehen her-
20 nimmt, die sie sich selbst vielmehr gibt, die sie selbst als erste setzt.
Diese erste Erkenntnis darf schlechthin nichts von der Un-
klarheit und Zweifelhaftigkeit enthalten, die Erkenntnissen sonst den Charakter des Rätselhaften, Problematischen verleihen,
25 welcher uns schließlich so in Verlegenheit setzte, daß wir ver-
anlaßt wurden zu sagen, Erkenntnis überhaupt sei ein Problem, eine unverständliche, klärungsbedürftige, ihrem Anspruch nach zweifelhafte Sache. Korrelativ ausgedrückt: wenn wir kein Sein als vorgegeben hinnehmen dürfen, weil die erkenntniskritische
30 Unklarheit es mit sich bringt, daß wir nicht verstehen, welchen Sinn ein Sein haben kann, das a n s i c h und doch i n d e r E r k e n n t n i s e r k a n n t s e i, so muß sich doch ein Sein aufweisen lassen, das wir als absolut gegeben und zweifellos

anerkennen müssen, sofern es eben in einer Weise gegeben ist, daß bei ihm völlige Klarheit besteht, aus der jede Frage ihre unmittelbare Antwort findet und finden muß.

Und nun erinnern wir uns an die Cartesianische Zweifelsbe-
trachtung. Die vielfältigen Möglichkeiten des Irrtums und der Täuschung bedenkend, mag ich in solch eine skeptische Verzweiflung geraten, daß ich damit ende zu sagen: nichts steht mir sicher, alles ist mir zweifelhaft. Aber alsbald ist evident, daß mir doch nicht alles zweifelhaft sein kann, denn indem ich so urteile, alles ist mir zweifelhaft, ist das unzweifelhaft, daß ich so urteile, und so wäre es widersinnig einen universellen Zweifel festhalten zu wollen. Und in jedem Falle eines bestimmten Zweifels ist es zweifellos gewiß, daß ich so zweifle. Und ebenso bei jeder *cogitatio*. Wie immer ich wahrnehme, vorstelle, urteile, schließe, wie immer es dabei mit der Sicherheit oder Unsicherheit, der Gegenständlichkeit oder Gegenstandslosigkeit dieser Akte sich verhalten mag, im Hinblick auf das Wahrnehmen ist es absolut klar und gewiß, daß ich das und das wahrnehme, im Hinblick auf das Urteil, daß ich das und das urteile usw.

Descartes hat diese Erwägung zu anderen Zwecken angestellt; passend modifiziert können wir sie hier aber gebrauchen.

Fragen wir nach dem Wesen der Erkenntnis, so ist, wie immer es mit dem Zweifel an ihrer Triftigkeit und mit dieser selbst beschaffen sein mag, zunächst doch die Erkenntnis selbst ein Titel für eine vielgestaltige Seinssphäre, die uns absolut gegeben sein kann und in Einzelheiten jeweils absolut zu geben ist. Nämlich die Denkgestaltungen, die ich wirklich vollziehe, sind mir gegeben, wofern ich auf sie r e f l e k t i e r e, sie r e i n s c h a u e n d aufnehme und setze. Ich kann in vager Weise von Erkenntnis, von Wahrnehmung, Vorstellung, Erfahrung, Urteil, Schluß und dgl. reden, dann ist, wenn ich reflektiere, freilich nur gegeben, aber auch absolut gegeben, dieses Phänomen des vagen „von Erkenntnis, Erfahrung, Urteil usw. Redens und Meinens". Schon dieses Phänomen der Vagheit ist eins derjenigen, die unter den Titel der Erkenntnis im weitesten Sinn fallen. Ich kann aber auch eine Wahrnehmung aktuell vollziehen und auf sie hinblicken, ich kann ferner eine Wahrnehmung mir in Phantasie oder Erinnerung vergegenwärtigen und auf sie in dieser Phantasiegegebenheit hinblicken. Dann habe ich nicht mehr

II. VORLESUNG

eine leere Rede oder eine vage Meinung, Vorstellung von Wahrnehmung, sondern Wahrnehmung steht mir gleichsam vor Augen als eine aktuelle oder Phantasiegegebenheit. Und so für jedes intellektive Erlebnis, für jede Denk- und Erkenntnisgestaltung.

5 Ich habe hier gleich schauende reflektive Wahrnehmung und Phantasie zusammengestellt. Der Cartesianischen Betrachtung folgend wäre zunächst die Wahrnehmung herauszustellen: der sogenannten inneren Wahrnehmung der traditionellen Erkenntnistheorie einigermaßen entsprechend, die freilich ein schillern-

10 der Begriff ist.

Jedes intellektive Erlebnis und jedes Erlebnis überhaupt, indem es vollzogen wird, kann zum Gegenstand eines reinen Schauens und Fassens gemacht werden, und in diesem

15 Schauen ist es absolute Gegebenheit. Es ist gegeben als ein Seiendes, als ein Dies-da, dessen Sein zu bezweifeln gar keinen Sinn gibt. Ich kann zwar überlegen, was das für ein Sein ist und wie diese Seinsweise sich zu anderen verhält, ich kann ferner überlegen, was hier Gegebenheit besagt,

20 und kann, weiter Reflexion übend, mir das Schauen selbst zum Schauen bringen, in dem sich diese Gegebenheit, bzw. diese Seinsweise konstituiert. Aber ich bewege mich dabei fortgesetzt auf absolutem Grund, nämlich: diese Wahrnehmung ist und bleibt solange sie dauert ein Absolutes, ein Dies-da, etwas, das

25 in sich ist, was es ist, etwas, an dem ich messen kann als an einem letzten Maß, was Sein und Gegebensein besagen kann und hier besagen muß, mindestens natürlich für die Seins- und Gegebenheitsartung, die durch „Dies-da" exemplifiziert wird. Und das gilt für alle spezifischen Denkgestaltungen, wo immer sie ge-

30 geben sind. Sie alle können aber auch in der Phantasie Gegebenheiten sein, sie können „gleichsam" vor Augen stehen und doch nicht dastehen als aktuelle Gegenwärtigkeiten, als aktuell vollzogene Wahrnehmungen, Urteile usw. Auch dann sind sie in einem gewissen Sinn Gegebenheiten, sie stehen anschau-

35 lich da, wir reden über sie nicht bloß in vager Andeutung, in leerer Meinung, wir schauen sie und sie schauend können wir ihr Wesen, ihre Konstitution, ihren immanenten Charakter herausschauen und unsere Rede in reiner Anmessung an die geschaute Fülle der Klarheit anschmiegen. Doch dies wird sogleich Er-

32 II. VORLESUNG

gänzung fordern durch Erörterung von Wesensbegriff und Wesenserkenntnis.

Vorläufig halten wir fest, daß eine Sphäre von absoluter Gegebenheit sich von vornherein bezeichnen läßt; und es ist
5 die Sphäre, die wir gerade brauchen, wenn das Absehen auf eine Erkenntnistheorie möglich sein soll. In der Tat, die Unklarheit über die Erkenntnis hinsichtlich ihres Sinnes oder Wesens fordert eine Wissenschaft von der Erkenntnis, eine Wissenschaft, die nichts anderes will als Erkenntnis zu wesen-
10 hafter Klarheit bringen. Nicht Erkenntnis als psychologisches Faktum will sie erklären, die Naturbedingungen erforschen, unter denen Erkenntnisse kommen und gehen, und die Naturgesetze, an die sie in ihrem Werden und Wandeln gebunden sind: das zu erforschen ist die Aufgabe, die sich eine natürliche Wis-
15 senschaft stellt, die Naturwissenschaft von den psychischen Tatsachen, von den Erlebnissen erlebender psychischer Individuen. Vielmehr will die Erkenntniskritik das Wesen der Erkenntnis und den zu ihrem Wesen gehörigen Rechtsanspruch der Geltung aufklären, klar machen, ans Licht bringen; was heißt
20 das aber anderes als zur direkten Selbstgegebenheit bringen.

Wiederholung und Ergänzung. Natürliche Erkenntnis in ihrem stetigen erfolgreichen Fortgang in den verschiedenen Wissenschaften ist ihrer Triftigkeit ganz sicher und hat keinen Anlaß, an der Möglichkeit der Erkenntnis und an dem
25 Sinn der erkannten Gegenständlichkeit Anstoß zu finden. Sowie aber die Reflexion sich auf die Korrelation von Erkenntnis und Gegenständlichkeit richtet (und eventuell auch auf den idealen Bedeutungsgehalt der Erkenntnis in seinem Verhältnis zum Erkenntnisakt auf der einen und der Erkenntnisgegenständ-
30 lichkeit auf der andere Seite), stellen sich Schwierigkeiten ein, Unzuträglichkeiten, widersprechende und doch vermeintlich begründete Theorien, die zu dem Zugeständnis forttreiben, die Möglichkeit der Erkenntnis überhaupt hinsichtlich ihrer Triftigkeit sei ein Rätsel.
35 Eine neue Wissenschaft will hier entspringen, die Erkenntniskritik, welche diese Verwirrungen schlichten und uns über das Wesen der Erkenntnis aufklären will. Von dem Glücken dieser Wissenschaft hängt offenbar die Möglichkeit einer Metaphysik ab, einer Seinswissenschaft im absoluten und letzten Sinn. Wie

II. VORLESUNG

33

kann sich aber eine solche Wissenschaft von der Erkenntnis
überhaupt etablieren? Was eine Wissenschaft in Frage stellt,
das kann sie nicht als vorgegebenes Fundament benützen. In
Frage gestellt ist aber, da die Erkenntniskritik die Möglichkeit
5 von Erkenntnis überhaupt, und zwar hinsichtlich ihrer Triftigkeit als Problem setzt, alle Erkenntnis. Fängt sie an, so kann
ihr keine Erkenntnis als gegeben gelten. Sie darf also aus keiner
vorwissenschaftlichen Erkenntnissphäre irgend etwas über-
nehmen, jede Erkenntnis trägt den Index der Fraglichkeit.
10   Ohne gegebene Erkenntnis als Anfang ist auch keine Erkenntnis
als Fortgang. Also kann Erkenntniskritik gar nicht anfangen.
Eine solche Wissenschaft kann es überhaupt nicht geben.
    Ich meinte nun, daran ist so viel richtig, daß zu Anfang keine
Erkenntnis als u n b e s e h e n vorgegeben gelten kann. Darf
15 aber Erkenntniskritik keine Erkenntnis von vornherein über-
nehmen, so kann sie selbst damit anfangen sich Erkenntnis zu
g e b e n und natürlich Erkenntnis, die sie nicht begründet,
logisch herleitet, was unmittelbare Erkenntnisse, die vorher
gegeben sein müßten, erfordern würde, sondern Erkenntnis, die
20 sie unmittelbar aufweist und die von einer Art ist, daß sie, absolut
klar und zweifellos, jeden Zweifel an ihrer Möglichkeit ausschließt
und schlechthin nichts von dem Rätsel enthält, das den Anlaß
zu allen skeptischen Verwirrungen gegeben hatte. Und nun wies
ich auf die C a r t e s i a n i s c h e Z w e i f e l s b e t r a c h -
25 t u n g hin und auf die Sphäre absoluter Gegebenheiten, bzw.
auf den Kreis absoluter Erkenntnis, die unter dem Titel Evidenz
der *cogitatio* erfaßt ist. Es sollte nun näher gezeigt werden, daß
die I m m a n e n z dieser Erkenntnis sie geeignet macht, als
erster Ausgangspunkt der Erkenntnistheorie zu dienen, daß
30 sie ferner d u r c h d i e s e I m m a n e n z frei von derjenigen
Rätselhaftigkeit ist, die die Quelle aller skeptischen Verlegenheiten ist und endlich weiter, d a ß d i e I m m a n e n z ü b e r -
h a u p t d e r n o t w e n d i g e C h a r a k t e r a l l e r e r -
k e n n t n i s t h e o r e t i s c h e n E r k e n n t n i s i s t und
35 daß nicht nur am Anfang sondern überhaupt jede Anleihe aus
der Sphäre der Transzendenz, m.a.W. jede Gründung der Erkenntnistheorie auf Psychologie und welche natürliche Wissenschaft immer, ein *nonsens* ist.
    Ergänzend füge ich noch bei: die so scheinbare Argumentation:

Die Idee der Phänomenologie   3

34 II. VORLESUNG

wie kann Erkenntnistheorie, da sie Erkenntnis überhaupt in
Frage stellt, überhaupt anfangen, da jede anfangende Erkenntnis als Erkenntnis mit in Frage gestellt ist; und ist der Erkenntnistheorie alle Erkenntnis ein Rätsel, so auch die erste, mit der
5 sie selbst beginnt; ich sage, diese so scheinbare Argumentation
ist natürlich eine Trugargumentation. Der Trug entspringt aus
der vagen Allgemeinheit der Rede. „In Frage gestellt" ist Erkenntnis überhaupt, d.h. doch nicht, es ist geleugnet, daß es
Erkenntnis überhaupt gibt (was auf Widersinn führte), sondern
10 Erkenntnis enthält ein gewisses Problem, nämlich wie eine
gewisse ihr zugeschriebene Leistung der Triftigkeit möglich sei,
und vielleicht zweifle ich sogar, ob sie möglich sei. Aber mag
ich selbst zweifeln, so kann doch ein erster Schritt darin bestehen,
diesen Zweifel alsbald aufzuheben dadurch, daß gewisse Erkennt-
15 nisse aufweisbar sind, die einen solchen Zweifel gegenstandslos
machen. Ferner wenn ich damit anfange, ich verstehe Erkenntnis überhaupt nicht, so umschließt dieses Unverständnis in
seiner unbestimmten Allgemeinheit freilich jede Erkenntnis.
Es ist aber nicht gesagt, daß mir jede Erkenntnis, auf die ich
20 künftig stoßen werde, für alle Zeiten unverständlich bleiben muß.
Es kann sein, daß ein großes Rätsel bei einer überall sich zunächst
aufdrängenden Erkenntnisklasse statt hat und ich nun, in allgemeine Verlegenheit kommend, sage: Erkenntnis überhaupt
ist ein Rätsel, während sich bald zeigt, daß das Rätsel gewissen
25 anderen Erkenntnissen nicht einwohnt. Und so verhält es sich,
wie wir hören werden, in der Tat.

Ich sagte, die Erkenntnisse, mit denen die Erkenntniskritik
anheben muß, dürfen nichts von Fraglichkeit und Zweifelhaftigkeit enthalten, nichts von alledem, was uns in erkenntnis-
30 theoretische Verwirrung versetzte und was die ganze Erkenntniskritik hervortreibt. Wir müssen zeigen, daß dies für die
Sphäre der *cogitatio* zutrifft. Dazu bedarf es aber einer tiefer
gehenden Reflexion, die uns wesentliche Förderungen bringen
wird.

35 Sehen wir näher zu, was so rätselhaft ist und was uns in den
nächstliegenden Reflexionen über die Möglichkeit der Erkenntnis
in Verlegenheit bringt, so ist es ihre Transzendenz. Alle natürliche Erkenntnis, die vorwissenschaftliche und erst recht die
wissenschaftliche, ist transzendent objektivierende Erkennt-

nis; sie setzt Objekte als seiend, erhebt den Anspruch, Sachverhalte erkennend zu treffen, die in ihr nicht „im wahren Sinne gegeben" sind, ihr nicht „immanent" sind.

Näher besehen ist die T r a n s z e n d e n z freilich d o p-
5 p e l s i n n i g. Es kann entweder gemeint sein das im Erkenntnisakt Nicht-reell-enthaltensein des Erkenntnisgegenstandes, so daß unter dem im „wahren Sinne gegeben" oder „immanent gegeben" das reelle Enthaltensein verstanden wäre; der Erkenntnisakt, die *cogitatio* hat reelle Momente, sie reell konstitu-
10 ierende, das Ding aber, das sie meint und das sie angeblich wahrnimmt, dessen sie sich erinnert usw., ist in der *cogitatio* selbst, als Erlebnis, nicht reell als Stück, als wirklich darin Seiendes zu finden. Die Frage ist also: wie kann das Erlebnis sozusagen über sich hinaus? I m m a n e n t h e i ß t h i e r a l s o i m
15 E r k e n n t n i s e r l e b n i s r e e l l i m m a n e n t.

Es gibt aber noch eine a n d e r e T r a n s z e n d e n z, deren Gegenteil eine ganz andere Immanenz ist, nämlich a b s o l u t e und k l a r e G e g e b e n h e i t, S e l b s t g e g e b e n h e i t i m a b s o l u t e n S i n n. Dieses Gegebensein, das jeden sinn-
20 vollen Zweifel ausschließt, ein schlechthin unmittelbares Schauen und Fassen der gemeinten Gegenständlichkeit selbst und so wie sie ist, macht den prägnanten Begriff der Evidenz aus, und zwar verstanden als unmittelbare Evidenz. Alle nicht evidente, das Gegenständliche zwar meinende oder setzende, aber n i c h t
25 s e l b s t s c h a u e n d e Erkenntnis ist im zweiten Sinn transzendent. In ihr gehen wir über das jeweils i m w a h r e n S i n n e G e g e b e n e, über das d i r e k t z u S c h a u e n d e und z u F a s s e n d e h i n a u s. Hier lautet die Frage: wie kann Erkenntnis etwas als seiend setzen, das in ihr nicht direkt
30 und wahrhaft gegeben ist?

Diese beiden Immanenzen und Transzendenzen laufen zunächst, bevor die erkenntniskritische Überlegung tiefer eingesetzt hat, verworren ineinander. Es ist ja klar, daß, wer die erste Frage nach der Möglichkeit der reellen Transzendenzen, auf-
35 wirft, eigentlich auch die zweite mit hineinspielen läßt, die nach der Möglichkeit der Transzendenz über die Sphäre evidenter Gegebenheit. Nämlich stillschweigend supponiert er: die einzig wirklich verständliche, fraglose, absolut evidente Gegebenheit sei die des im Erkenntnisakte r e e l l e n t h a l t e n e n M o-

36 II. VORLESUNG

m e n t e s, und darum gilt ihm jedes darin nicht reell Enthaltene
an einer erkannten Gegenständlichkeit als rätselhaft, problematisch. Wir werden bald hören, daß das ein verhängnisvoller
Irrtum ist.

5 Man mag nun die Transzendenz im einen oder anderen oder
zunächst im vieldeutigen Sinne verstehen, sie ist das Ausgangs-
und Leitproblem der Erkenntniskritik, sie ist das Rätsel, das
der natürlichen Erkenntnis in den Weg tritt und den Antrieb
für die neuen Forschungen bildet. Man könnte zu Anfang die
10 Lösung dieses Problems als die Aufgabe der Erkenntniskritik
bezeichnen, der neuen Disziplin also dadurch ihre erste vor-
läufige Begrenzung geben, statt allgemeiner das Problem des
Wesens der Erkenntnis überhaupt als ihr Thema zu bezeichnen.

Ist nun jedenfalls bei der ersten Etablierung der Disziplin
15 h i e r das Rätsel, so bestimmt sich jetzt genauer, was nicht als
vorgegeben in Anspruch genommen werden darf. Nämlich es
darf danach Transzendentes nicht als vorgegeben benützt werden.
Begreife ich nicht, w i e es möglich ist, daß Erkenntnis etwas
ihr Transzendentes treffen soll, so weiß ich auch nicht, o b
20 es möglich ist. Die wissenschaftliche Begründung einer transzendenten Existenz hilft mir nun nichts mehr. Denn alle mittelbare Begründung geht auf unmittelbare zurück und das Unmittelbare enthält schon das Rätsel.

Doch vielleicht sagt jemand: daß wie mittelbare so unmittel-
25 bare Erkenntnis das Rätsel enthält, ist sicher. Aber das W i e
ist rätselhaft, während das D a ß absolut sicher ist; kein Ver-
nünftiger wird an der Existenz der Welt zweifeln, und der Skeptiker straft sich durch seine Praxis Lügen. Nun gut, dann antworten wir ihm mit einem stärkeren und weiter tragenden Argu-
30 ment. Denn es beweist nicht nur, daß man b e i B e g i n n
der Erkenntnistheorie auf den Inhalt der natürlichen und transzendent objektivierenden Wissenschaften überhaupt nicht rekur-
rieren darf, sondern auch nicht i n i h r e m g a n z e n F o r t-
g a n g. Es beweist also die fundamentale These, d a ß E r-
35 k e n n t n i s t h e o r i e n i e u n d n i m m e r a u f n a t ü r-
l i c h e W i s s e n s c h a f t i r g e n d w e l c h e r A r t g e-
b a u t s e i n k a n n. Wir fragen also: was will unser Gegner
mit seinem transzendenten Wissen anfangen; wir geben ihm
den gesamten Vorrat an transzendenten Wahrheiten der objek-

II. VORLESUNG 37

tiven Wissenschaften zu freier Verfügung und denken sie durch
das emporgestiegene Rätsel, wie transzendente Wissenschaft
möglich sei, in ihrem Wahrheitswert nicht alteriert. Was will
er nun mit seinem allumfassenden Wissen anfangen, wie gedenkt
5 er vom Daß auf das Wie zu kommen? Sein Wissen als Tatsache,
daß transzendente Erkenntnis wirklich sei, verbürgt ihm als
logisch selbstverständlich, daß transzendente Erkenntnis möglich sei. Aber das Rätsel ist, w i e sie möglich sei. Kann er es
auf Grund der Setzung selbst aller Wissenschaften, unter Vor-
10 aussetzung aller oder welcher transzendenten Erkenntnisse immer, lösen? Überlegen wir: was fehlt ihm denn eigentlich noch?
Ihm ist ja die Möglichkeit transzendenter Erkenntnis selbstverständlich, ja eben nur analytisch selbstverständlich da, daß
er sich sagt, es besteht bei mir Wissen von Transzendentem.
15 Was ihm fehlt, ist offenbar[1]). Unklar ist ihm die Beziehung auf
Transzendenz, unklar ist ihm das „ein Transzendentes Treffen",
das der Erkenntnis, dem Wissen zugeschrieben wird. Wo und
wie wäre ihm Klarheit? Nun, wenn ihm das Wesen dieser Beziehung irgendwo g e g e b e n wäre, daß er es schauen könnte,
20 daß er die Einheit von Erkenntnis und Erkenntnisobjekt, die
das Wort Triftigkeit andeutet, eben selbst vor Augen hätte
und damit nicht nur ein Wissen von ihrer Möglichkeit, sondern
diese Möglichkeit in ihrer klaren Gegebenheit hätte. Die Möglichkeit selbst gilt ihm eben als ein Transzendentes, als eine
25 gewußte aber nicht selbst gegebene, geschaute Möglichkeit.
Sein Gedanke ist offenbar der: Erkenntnis ist ein anderes als
Erkenntnisobjekt; Erkenntnis ist gegeben, das Erkenntnisobjekt aber ist nicht gegeben; und doch soll Erkenntnis sich
auf das Objekt beziehen, es erkennen. Wie kann ich diese Mög-
30 lichkeit verstehen? Natürlich lautet die Antwort: nur dann könnte ich sie verstehen, wenn die Beziehung eben selbst zu geben
wäre, als etwas zu Schauendes. Ist und bleibt das Objekt ein
transzendentes und fällt Erkenntnis und Objekt wirklich auseinander, dann freilich kann er hier nichts sehen und seine Hoff-
35 nung auf einen Weg, doch irgendwie klar zu werden, nun gar
durch Rückschluß aus transzendenten Präsuppositionen, ist
eben eine offenbare Torheit.

---

[1]) Vgl. Beilage III.

38 II. VORLESUNG

Konsequenterweise müßte er bei diesen Gedanken freilich auch seinen Ausgangspunkt aufgeben: er müßte anerkennen, daß bei dieser Sachlage die Erkenntnis von Transzendentem unmöglich, sein angebliches Wissen davon ein Vorurteil sei. Das
5 Problem wäre dann nicht mehr, wie transzendente Erkenntnis möglich sei, sondern wie das Vorurteil sich erklären läßt, das der Erkenntnis eine transzendente Leistung zuschreibt: genau der *Hume'sche* Weg.

Doch sehen wir davon ab und fügen wir zur Illustration des
10 fundamentalen Gedankens, daß das Problem des Wie (wie transzendente Erkenntnis möglich sei und selbst allgemeiner: wie Erkenntnis überhaupt möglich sei) niemals auf dem Grunde von vorgegebenem Wissen über Transzendentes, von vorgegebenen Sätzen darüber, entnommen woher immer und sei es aus exakten
15 Wissenschaften, gelöst werden kann, folgendes bei: ein Taubgeborener weiß, daß es Töne gibt, daß Töne Harmonien begründen und daß in diesen eine herrliche Kunst gründe; aber verstehen, w i e Töne das anstellen, wie Tonkunstwerke möglich sind, kann er nicht. Dergleichen kann er sich eben nicht
20 v o r s t e l l e n, d.h. er kann es nicht schauen und im Schauen das Wie fassen. Sein Wissen um die Existenz hilft ihm nichts, und es wäre absurd, wenn er darauf ausgehen wollte, auf Grund seines Wissens das Wie der Tonkunst zu deduzieren, sich ihre Möglichkeiten durch Schlüsse aus seinen Kenntnissen klar zu
25 machen. Aus bloß gewußten und nicht geschauten Existenzen deduzieren, das geht nicht. Das Schauen läßt sich nicht demonstrieren oder deduzieren. Es ist offenbar ein *nonsens*, Möglichkeiten aufklären zu wollen (und zwar schon unmittelbare Möglichkeiten) durch logische Herleitung aus einem nicht intuitiven
30 Wissen. Mag ich also völlig sicher sein, daß es transzendente Welten gibt, mag ich alle natürlichen Wissenschaften vollinhaltlich gelten lassen: bei ihnen kann ich keine Anleihen machen. Ich darf mir nie einbilden, durch transzendente Suppositionen und wissenschaftliche Schlußfolgerungen je dahin zu gelangen,
35 wohin ich in der Erkenntniskritik will: nämlich die Möglichkeit der transzendenten Objektivität der Erkenntnis abzusehen. Und das gilt offenbar nicht nur für den Anfang, sondern auch für allen Fortgang der Erkenntniskritik, solange sie eben bei dem Problem bleibt aufzuklären: w i e E r k e n n t n i s m ö g-

II. VORLESUNG

l i c h   s e i. Und es gilt offenbar nicht bloß für das Problem der transzendenten Objektivität, sondern für die Aufklärung jeder Möglichkeit.

Bringen wir damit in Verbindung die außerordentlich starke Neigung, in allen Fällen, wo ein transzendierender Denkakt vollzogen und ein Urteil auf Grund desselben zu etablieren ist, in transzendierendem Sinn zu urteilen und somit in eine μετάβασις εἰς ἄλλο γένος zu verfallen, so ergibt sich die zureichende und volle Deduktion des e r k e n n t n i s t h e o r e - t i s c h e n   P r i n z i p s: bei jeder erkenntnistheoretischen Untersuchung, sei es dieses oder jenes Erkenntnistypus, ist die erkenntnistheoretische R e d u k t i o n zu vollziehen, d.h. alle dabei mitspielende Transzendenz mit dem Index der Ausschaltung zu behaften, oder mit dem Index der Gleichgiltigkeit, der erkenntnistheoretischen Nullität, mit einem Index, der da sagt: die Existenz aller dieser Transzendenzen, ob ich sie glauben mag oder nicht, geht mich hier nichts an, hier ist nicht der Ort, darüber zu urteilen, das bleibt ganz außer Spiel.

Mit der genannten μετάβασις hängen alle Grundirrtümer der Erkenntnistheorie zusammen, auf der einen Seite der Grundirrtum des Psychologismus, auf der anderen der des Anthropologismus und Biologismus. Sie wirkt so überaus gefährlich, weil der eigentliche Sinn des Problems niemals zur Klarheit gebracht worden ist und in der μετάβασις völlig verloren geht, teils auch darum, weil selbst derjenige, der es sich zur Klarheit gebracht hat, diese Klarheit nur schwer immerfort wirksam erhalten kann und gar leicht im schweifenden Nachdenken wieder in die Versuchungen der natürlichen Denk- und Urteilsweise verfällt, sowie in alle die falschen und verführerischen Problemstellungen, die auf ihrem Boden erwachsen.

III. VORLESUNG

Das Vollziehen der erkenntnistheoretischen Reduktion: Ausschaltung alles Transzendenten S. 43. — Thema der Forschung: die reinen Phänomene S. 44. — Die Frage der „objektiven Giltigkeit" der absoluten Phänomene S. 47. — Unmöglichkeit der Beschränkung auf singuläre Gegebenheiten; die phänomenologische Erkenntnis als Wesenserkenntnis S. 50. — Die zwei Bedeutungen des Begriffes „Apriori" S. 51.

Nach diesen Ausführungen ist genau und zuverlässig begründet, was die Erkenntniskritik benützen darf und was nicht. Ihr Rätsel ist die Transzendenz zwar nur ihrer Möglichkeit nach, aber die Wirklichkeit von Transzendentem darf gleichwohl nie
5 und nimmer in Rechnung gezogen werden. Offenbar schränkt sich die Sphäre der benützbaren Gegenständlichkeiten, bzw. der benützbaren Erkenntnisse, derjenigen die als geltend auftreten und vom Vorzeichen der erkenntnistheoretischen Nullität befreit bleiben können, nicht auf Null ein. Die gesamte Sphäre der
10 *cogitationes* haben wir ja gesichert. Das Sein der *cogitatio*, näher das Erkenntnisphänomen selbst, ist außer Frage, und es ist vom Rätsel der Transzendenz frei. Diese Existenzen sind schon im Ansatz des Erkenntnisproblems vorausgesetzt, die Frage, wie Transzendentes in die Erkenntnis hineinkomme, verlöre ja ihren
15 Sinn, wenn nicht bloß Transzendentes, sondern auch Erkenntnis selbst dahingegeben würde. Es ist auch klar, daß die *cogitationes* eine Sphäre a b s o l u t e r   i m m a n e n t e r   G e g e b e n - h e i t e n   darstellen, i n   w e l c h e m   S i n n   w i r   I m m a - n e n z   a u c h   d e u t e n. Im Schauen des reinen Phänomens
20 ist der Gegenstand nicht außer der Erkenntnis, außer dem „Bewußtsein" und zugleich gegeben im Sinne der absoluten Selbstgegebenheit eines rein Geschauten.

Doch hier bedarf es der Sicherung durch die e r k e n n t n i s - t h e o r e t i s c h e   R e d u k t i o n, deren methodisches Wesen
25 wir hier zum ersten Male *in concreto* studieren wollen. Wir bedürfen hier der Reduktion, damit ja nicht die Evidenz des Seins der *cogitatio* verwechselt werde mit der Evidenz, daß m e i n e   *cogitatio* ist, des *sum cogitans* und dgl. Vor der fundamentalen Verwechslung zwischen dem   r e i n e n   P h ä n o -
30 m e n   im Sinne der Phänomenologie und dem   p s y c h o l o g i - s c h e n   P h ä n o m e n, dem Objekt der naturwissenschaftlichen Psychologie, muß man sich hüten. Blicke ich als natürlich denkender Mensch auf die Wahrnehmung hin, die ich gerade erlebe,

44 III. VORLESUNG

so apperzipiere ich sie alsbald und fast unausbleiblich (das ist Faktum) in Beziehung auf mein Ich, sie steht da als Erlebnis dieser erlebenden Person, als ihr Zustand, als ihr Akt, der Empfindungsinhalt als das ihr inhaltlich Gegebene, Empfundene,
5 Bewußte und ordnet sich mit dieser der objektiven Zeit ein. Die Wahrnehmung, überhaupt die *cogitatio*, so apperzipiert, ist das p s y c h o l o g i s c h e F a k t u m. Apperzipiert also als Datum in der objektiven Zeit, zugehörig zum erlebenden Ich, dem Ich, das in der Welt ist und seine Zeit dauert (eine
10 Zeit, die durch die empirischen chronometrischen Hilfsmittel zu messen ist). Das also ist das Phänomen im Sinne der Naturwissenschaft, die wir Psychologie nennen.

Das Phänomen in diesem Sinne verfällt dem Gesetz, dem wir uns in der Erkenntniskritik unterwerfen müssen, dem der ἐποχή
15 in Betreff alles Transzendenten. Das Ich als Person, als Ding der Welt, und das Erlebnis als Erlebnis dieser Person, eingeordnet — sei es auch ganz unbestimmt — in die objektive Zeit: das alles sind Transzendenzen und sind als das erkenntnistheoretisch Null. Erst durch eine Reduktion, die wir auch schon
20 p h ä n o m e n o l o g i s c h e R e d u k t i o n nennen wollen, gewinne ich eine absolute Gegebenheit, die nichts von Transzendenz mehr bietet. Stelle ich Ich und Welt und Icherlebnis als solches in Frage, so ergibt die einfach schauende Reflexion auf das Gegebene in der Apperzeption des betreffenden Erleb-
25 nisses, auf mein Ich, das P h ä n o m e n dieser Apperzeption: das Phänomen etwa „Wahrnehmung aufgefaßt als meine Wahrnehmung". Natürlich kann ich auch dieses Phänomen in natürlicher Betrachtungsweise wieder auf mein Ich beziehen, dies Ich im empirischen Sinne setzend, indem ich wieder sage: ich
30 habe dieses Phänomen, es ist das meine. Dann hätte ich, um das reine Phänomen zu gewinnen, wiederum das Ich, ebenso Zeit, Welt in Frage zu stellen und so ein reines Phänomen, die reine *cogitatio*, herauszustellen. Ich kann aber auch, indem ich wahrnehme, rein schauend auf die Wahrnehmung hinblicken, auf
35 sie selbst, wie sie da ist, und die Beziehung auf das Ich unterlassen, oder von ihr abstrahieren : dann ist die schauend so gefaßte und begrenzte Wahrnehmung eine absolute, jeder Transzendenz entbehrende, gegeben als reines Phänomen im Sinne der Phänomenologie.

III. VORLESUNG   45

Jedem psychischen Erlebnis entspricht also auf dem Wege phänomenologischer Reduktion ein reines Phänomen, das sein immanentes Wesen (vereinzelt genommen) als ab-
5 solute Gegebenheit herausstellt. Alle Setzung einer „nicht immanenten Wirklichkeit", einer im Phänomen nicht enthaltenen, obschon in ihm gemeinten, und zugleich einer nicht gegebenen im zweiten Sinne ist ausgeschaltet, d.h. suspendiert.
10 Gibt es Möglichkeiten, solch reine Phänomene zu Forschungsobjekten zu machen, so ist evident, daß wir nun nicht mehr in der Psychologie, dieser natürlichen, transzendent objektivierenden Wissenschaft stehen. Wir erforschen dann nichts und sprechen dann nicht von psychologischen Phänomenen, von gewissen
15 Vorkommnissen der sogenannten realen Wirklichkeit (deren Existenz ja durchaus in Frage bleibt), sondern von dem, was ist und gilt, ob es so etwas wie objektive Wirklichkeit gibt oder nicht, ob die Setzung solcher Transzendenzen berechtigt ist oder nicht. Wir sprechen eben dann von solchen absoluten
20 Gegebenheiten; mögen diese auch intentional sich auf objektive Wirklichkeit beziehen, so ist das Sich-beziehen irgendein Charakter in ihnen, während für das Sein und Nicht-sein der Wirklichkeit doch nichts präjudiziert ist. Und so werfen wir schon Anker an der Küste der Phänomenologie,
25 deren Gegenstände als seiend gesetzt sind, wie Wissenschaft ihre Forschungsobjekte setzt, aber als keine Existenzen in einem Ich, in einer zeitlichen Welt gesetzt sind, sondern im rein immanenten Schauen erfaßte absolute Gegebenheiten: das rein Immanente ist hier zunächst durch die phänomenologische
30 Reduktion zu charakterisieren: ich meine eben dies da, nicht was es transzendierend meint, sondern was es in sich selbst ist und als was es gegeben ist. Dergleichen Reden sind natürlich nur Umwege und Behelfe um anzuleiten, das erste zu sehen, was hier zu sehen ist, den Unterschied zwischen den
35 Quasi-gegebenheiten des transzendenten Objektes und der absoluten Gegebenheit des Phänomens selbst.

Nun sind aber neue Schritte notwendig, neue Überlegungen, damit wir in dem neuen Lande festen Fuß fassen können und nicht am Ende an seiner Küste scheitern. Denn diese Küste hat ihre Klippen, über ihr liegt das Gewölk der Unklarheit, das uns mit skeptischen Sturmwinden bedroht. Was wir bisher sagten, betrifft alle Phänomene, uns interessieren zu Zwecken der Vernunftkritik natürlich nur die Erkenntnisphänomene. Doch kann, was wir jetzt ausführen werden, gleich für alle beachtet werden, wie es denn *mutatis mutandis* für alle gilt.

Unser Absehen auf eine Erkenntniskritik führt uns zu einem Anfang, zu einem Festlande von Gegebenheiten, über die wir verfügen dürfen und die wir vor allem zu brauchen scheinen: das Wesen der Erkenntnis zu ergründen muß ich natürlich Erkenntnis in allen ihren fraglichen Gestaltungen a l s G e g e- b e n h e i t besitzen und in einer Weise, daß diese Gegebenheit nichts von dem Problematischen an sich hat, das sonstige Erkenntnis, wie sehr sie Gegebenheiten zu bieten scheint, mit sich bringt.

Des Feldes der reinen Erkenntnis haben wir uns versichert, wir können sie nun studieren und eine Wissenschaft von den reinen Phänomenen etablieren, eine P h ä n o m e n o l o g i e. Wird diese nicht selbstverständlich die Grundlage für die Lösung der uns bewegenden Probleme sein müssen? Es ist doch klar, das Wesen der Erkenntnis kann ich nur zur Klarheit bringen, wenn ich sie mir selbst ansehe, und wenn sie mir im Schauen, so wie sie ist, selbst gegeben ist. Ich muß sie immanent und rein schauend im reinen Phänomen, im „reinen Bewußtsein" studieren: ihre Transzendenz ist ja fraglich; das Sein der Gegenständlichkeit, auf die sie sich, wofern sie transzendent ist, bezieht, ist mir nicht gegeben und in Frage ist gerade, wie sie trotzdem gesetzt werden kann und welchen Sinn sie, wenn solche Setzung möglich sein soll, hat und haben darf. Andrerseits hat diese Beziehung auf Transzendentes, wenn ich dessen Sein auch ihrer Triftigkeit nach in Frage stelle, doch etwas im reinen Phänomen Faßbares. Das Sich-auf-Transzendentes-beziehen, es in dieser oder jener Weise meinen, ist doch ein innerer Charakter des Phänomens. Fast scheint es, als käme es nur auf eine Wissenschaft von den absoluten *cogitationes* an. Wo sonst könnte ich, da ich die Vorgegebenheit des gemeinten Transzendenten streichen muß, nicht nur den S i n n dieses über sich hinaus Meinens, sondern mit dem Sinn auch seine mögliche G e l t u n g, oder den Sinn von Geltung studieren, als eben da, wo dieser Sinn absolut gege-

III. VORLESUNG

ben ist und wo im reinen Phänomen der Beziehung, Bestätigung, Rechtfertigung der Sinn der Geltung seinerseits zur absoluten Gegebenheit kommt?

Freilich beschleicht uns hier gleich der Zweifel, ob nicht doch
5 noch ein Mehr in Aktion treten muß, ob denn Gegebenheit der Geltung nicht auch Gegebenheit des Objektes mit sich führt, die andrerseits nicht Gegebenheit der *cogitatio* sein könnte, wofern es überhaupt so etwas wie geltende Transzendenz gibt. Aber wie immer, eine Wissenschaft von den absoluten Phänome-
10 nen, verstanden als *cogitationes,* ist das erste, was nottut und mindestens ein Hauptstück der Lösung hätte sie zu leisten.

Also auf Phänomenologie, hier auf Phänomenologie der Erkenntnis als Wesenslehre der reinen Erkenntnisphänomene, ist es wohl abgesehen. Die Aussichten sind schön. Aber wie soll
15 Phänomenologie angehen; wie ist sie möglich? Urteilen soll ich und doch wohl objektiv giltig urteilen, reine Phänomene wissenschaftlich erkennen. F ü h r t a b e r n i c h t a l l e W i s s e n s c h a f t a u f F e s t s t e l l u n g a n s i c h s e i - e n d e r O b j e k t i v i t ä t u n d d a m i t a u f T r a n s -
20 z e n d e n t e s ? Das wissenschaftlich Festgestellte ist, ist an sich, es gilt schlechthin als seiend, ob ich es erkennend als seiend setze oder nicht. Gehört nicht zum Wesen der Wissenschaft als Korrelat die Objektivität des in ihr nur Erkannten, wissenschaftlich Begründeten? Und ist wissenschaftlich Begründetes nicht
25 allgemein giltig? Wie steht es aber hier? Wir bewegen uns in dem Feld der reinen Phänomene. Doch warum sage ich F e l d ; es ist vielmehr ein ewiger H e r a k l i t i s c h e r F l u ß von Phänomenen. Welche Aussagen kann ich hier machen? Nun, schauend kann ich sagen: dies da! Es ist, zweifellos. Ich kann
30 vielleicht sogar sagen, dieses Phänomen schließt als Teil jenes ein, oder ist mit jenem verknüpft, dieses fließt in jenes über usw.

Offenbar ist es aber nichts mit der „o b j e k t i v e n" G i l - t i g k e i t dieser Urteile, sie haben k e i n e n „o b j e k t i - v e n S i n n", sie haben bloß „s u b j e k t i v e" W a h r h e i t.
35 Nun wollen wir uns hier nicht in eine Untersuchung einlassen, ob denn nicht in gewissem Sinn diese Urteile, sofern sie „subjektiv" wahr zu sein beanspruchen, auch ihre Objektivität haben. Aber klar ist schon bei flüchtigem Blick, jene höhere Dignität der Objektivität, die die vorwissenschaftlichen natür-

48 III. VORLESUNG

lichen Urteile sozusagen inszenieren und die die giltigen Urteile
der exakten Wissenschaften zu ungleich höherer Vollendung
bringen, fehlt hier ganz und gar. Besonderen Wert werden wir
solchen Urteilen, dies da ist und dgl., die wir rein schauend
5 fällen, nicht beimessen.

Sie werden sich übrigens hier der berühmten kantischen
Unterscheidung zwischen W a h r n e h m u n g s- und E r-
f a h r u n g s u r t e i l e n erinnern. Die Verwandtschaft ist
offenbar. Andrerseits hat Kant, wie ihm der Begriff der Phäno-
10 menologie und phänomenologischen Reduktion fehlte, und wie
er vom Psychologismus und Anthropologismus sich nicht ganz
loszuringen vermochte, die letzte Intention der hier notwendigen
Unterscheidung nicht erreicht. Natürlich handelt es sich bei uns
nicht um bloß subjektiv giltige Urteile, die auf das empirische
15 Subjekt beschränkt sind in ihrer Giltigkeit, und um objektiv
giltige, nämlich giltig für jedes Subjekt überhaupt: das empirische Subjekt haben wir ja ausgeschaltet, und die transzendentale
Apperzeption, das Bewußtsein überhaupt, wird für uns bald
einen ganz anderen und gar nicht mysteriösen Sinn bekommen.
20 Doch gehen wir zum Hauptzug unserer Betrachtung wieder
zurück. Phänomenologische Urteile als singuläre Urteile haben
uns nicht viel zu lehren. Wie aber sind Urteile, und war wissenschaftlich giltige zu gewinnen? Und das Wort w i s s e n-
s c h a f t l i c h setzt uns alsbald in Verlegenheit. Kommt nicht
25 mit der Objektivität, fragen wir, die T r a n s z e n d e n z und
mit dieser eben der Zweifel, was sie zu bedeuten habe, ob und
wie sie möglich sei? Durch e r k e n n t n i s t h e o r e t i s c h e
R e d u k t i o n schließen wir transzendente Präsuppositionen
aus, weil Transzendenz in Frage ist, ihrer möglichen Giltigkeit
30 und ihrem Sinn nach. Sind dann aber noch die wissenschaftlichen
Feststellungen, transzendente Feststellungen der Erkenntnistheorie selbst möglich? Ist es nicht selbstverständlich, daß vor
der Begründung der Möglichkeit der Transzendenz keine transzendente Feststellung der Erkenntnistheorie selbst statthaft ist?
35 Verlangt aber die erkenntnistheoretische ἐποχή — wie es scheinen möchte —, daß wir keine Transzendenz gelten lassen, ehe
wir ihre Möglichkeit begründet haben, und verlangt die Begründung der Möglichkeit der Transzendenz selbst, in Form
objektiver Begründung, transzendente Setzungen, so scheint

III. VORLESUNG 49

hier in Zirkel vorzuliegen, der Phänomenologie und Erkenntnistheorie unmöglich macht; und die bisherige Liebesmühe
wäre umsonst.

Wir werden an der Möglichkeit einer Phänomenologie und,
5 was hierin offenbar mitbeschlossen ist, einer Erkenntniskritik
nicht sofort verzweifeln können. Wir brauchen jetzt einen Fort-
schritt, der uns diesen trüglichen Zirkel aufrollt. Wir haben ihn
im Grunde genommen schon vollzogen, da wir die doppelte
Transzendenz und Immanenz unterschieden. Descartes fragte,
10 wie Sie sich erinnern, nachdem er die Evidenz der *cogitatio*
festgestellt hatte (oder vielmehr, was wir nicht übernommen
haben, das *cogito ergo sum*): w a s   i s t   e s ,   w a s   m i c h
d i e s e r   G r u n d g e g e b e n h e i t e n   v e r s i c h e r t? Nun,
die *clara et distincta perceptio*. Daran können wir anknüpfen.
15 Ich brauche nicht zu sagen, daß wir hier die Sache schon reiner
und tiefer gefaßt haben als Descartes, und daß somit auch die
Evidenz, die *clara et distincta perceptio*, von uns in reinerem Sinne
gefaßt und verstanden ist. Mit Descartes können wir nun den
weiteren Schritt (*mutatis mutandis*) machen: was immer, so
20 wie die singuläre *cogitatio*, durch *clara et distincta perceptio* gegeben ist, das dürfen wir ebensogut in Anspruch nehmen. Das
läßt freilich, wenn wir uns der 3. und 4. Meditation erinnern,
der Gottesbeweise, des Rekurses auf die *veracitas dei* etc., Böses
erwarten. Immerhin, seien Sie nur sehr skeptisch oder vielmehr
25 kritisch.

Die Gegebenheit der reinen *cogitatio* haben wir als absolut
zugestanden, die Gegebenheit des Außendinges in der äußeren
Wahrnehmung, obschon diese den Anspruch erhebt, das Sein
des Dinges selbst zu geben, nicht. Die Transzendenz des Dinges
30 fordert, daß wir es in Frage stellen. Wir verstehen nicht, wie
Wahrnehmung Transzendentes treffen kann; aber wir verstehen,
wie Wahrnehmung Immanentes treffen kann, in Form der
reflektiven und rein immanenten Wahrnehmung, der reduzierten.
Ja warum verstehen wir das? Nun, wir schauen direkt und fassen
35 direkt das, was wir schauend und fassend meinen. Eine Erscheinung vor Augen haben, die etwas meint, was nicht selbst in ihr
gegeben ist, und zweifeln, ob das sei und wie es zu verstehen sei,
daß es sei, das hat einen Sinn. Aber Schauen und gar nichts
anderes meinen als das, was schauend gefaßt ist, und da noch

Die Idee der Phänomenologie 4

50 III. VORLESUNG

zu fragen und zu zweifeln, das hat keinen Sinn. Im Grunde also
sagt das nichts anderes: Schauen, Selbstgegebenes Fassen, wofern eben wirkliches Schauen, wirkliche Selbstgegebenheit im
strengsten Sinn vorliegt und nicht eine andere Gegebenheit; die
5 ein Nichtgegebenes meint, das ist ein Letztes. Das ist die a b-
s o l u t e S e l b s t v e r s t ä n d l i c h k e i t; das nicht Selbstverständliche, das Problematische, vielleicht gar Mysteriöse liegt
bei dem transzendierenden Meinen, d.h. im Meinen, Glauben,
ev. sogar umständlichen Begründen eines nicht Gegebenen; es
10 hilft uns nichts, daß dabei gleichwohl eine absolute Gegebenheit
zu konstatieren ist, das Gegebensein des Meinens, Glaubens
selbst: wir brauchen nur zu reflektieren und finden es vor.
Aber dieses Gegebene ist ja nicht das Gemeinte.

Aber wie, ist die absolute Selbstverständlichkeit, die schauende
15 Selbstgegebenheit nur beim singulären Erlebnis und seinen
singulären Momenten und Teilen vorhanden, d.i. nur schauende
Setzung des D i e s-d a? Sollte es nicht eine schauende Setzung
von anderen Gegebenheiten als absoluten Gegebenheiten geben,
z.B. von Allgemeinheiten, derart, daß schauend ein Allgemeines
20 zur selbstverständlichen Gegebenheit käme, deren Bezweiflung
abermals widersinnig wäre?

Wie sonderlich eine Beschränkung auf die phänomenologisch
-singulären Gegebenheiten der *cogitatio* wäre, geht schon daraus
hervor, daß die ganze Evidenzbetrachtung, die wir in Anlehnung
25 an Descartes angestellt haben und die sicherlich von absoluter
Klarheit und Selbstverständlichkeit durchleuchtet war, ihre
Geltung verlöre. Nämlich für den singulär vorliegenden Fall
einer *cogitatio*, etwa eines Gefühls, das wir gerade erleben, dürften
wir vielleicht sagen: das ist gegeben, aber beileibe dürften wir
30 nicht den allgemeinsten Satz wagen: d i e G e g e b e n h e i t
e i n e s r e d u z i e r t e n P h ä n o m e n s ü b e r h a u p t
i s t e i n e a b s o l u t e z w e i f e l l o s e.

Doch das nur, um Sie auf den Weg zu leiten. Jedenfalls ist
es einleuchtend, daß die Möglichkeit einer Erkenntniskritik
35 von der Aufweisung noch anderer absoluter Gegebenheiten
abhängt als den reduzierten *cogitationes*. Genauer besehen überschreiten wir sie schon mit den prädizierenden Urteilen, die
wir über sie fällen. Schon wenn wir sagen: diesem Urteilsphäno-
men liegt das und das Vorstellungsphänomen zu Grunde, dieses

III. VORLESUNG

Wahrnehmungsphänomen enthält die und die Momente, Farbeninhalte und dgl. Und selbst wenn wir vorausgesetztermaßen diese Aussagen in reinster Anmessung an die Gegebenheiten der *cogitatio* machen, gehen wir wohl mit den logischen Formen,
5 die sich im sprachlichen Ausdruck auch spiegeln, über die bloßen *cogitationes* hinaus. Es ist da ein Superplus, das nicht etwa in einer bloßen Agglomerierung neuer *cogitationes* besteht. Und mögen auch zu den *cogitationes,* über die wir Aussagen machen, mit dem prädikativen Denken neue hinzutreten, so sind diese es
10 doch nicht, die den prädikativen Sachverhalt, die Gegenständlichkeit der Aussage, ausmachen.

Leichter faßbar ist, mindestens für den, der sich in die Stellung des reinen Schauens zu versetzen und sich alle natürliche Vormeinungen vom Leibe zu halten vermag, die Erkenntnis, daß
15 nicht nur Einzelheiten, sondern auch A l l g e m e i n h e i t e n, a l l g e m e i n e G e g e n s t ä n d e u n d a l l g e m e i n e S a c h v e r h a l t e z u a b s o l u t e r S e l b s t g e g e b e n - h e i t g e l a n g e n k ö n n e n. Diese Erkenntnis ist von entscheidender Bedeutung für die Möglichkeit einer Phänome-
20 nologie. Denn das ist ihr eigentümlicher Charakter, daß sie Wesensanalyse und Wesensforschung im Rahmen rein schauender Betrachtung ist, im Rahmen absoluter Selbstgegebenheit. Das ist notwendig ihr Charakter; sie will ja Wissenschaft und Methode sein, um Möglichkeiten, Möglichkeiten
25 der Erkenntnis, Möglichkeiten der Wertung aufzuklären, aufzuklären aus ihrem Wesensgrunde; es sind allgemein fragliche Möglichkeiten und ihre Forschungen somit allgemeine Wesensforschungen. Wesensanalyse ist *eo ipso* generelle Analyse, Wesenserkenntnis auf Wesen, auf Essenzen, auf allgemeine
30 Gegenständlichkeiten gerichtete Erkenntnis. Und hier hat auch die Rede vom Apriori ihre legitime Stelle. Denn was bedeutet apriorische Erkenntnis anderes, mindestens wofern wir die empiristisch verfälschten Begriffe von Apriori ausschließen, als eine rein auf generelle Essenzen gerichtete, rein aus dem Wesen
35 ihre Geltung schöpfende Erkenntnis?

Jedenfalls ist das der eine berechtigte Begriff von Apriori, ein anderer ergibt sich, wenn wir darunter alle Begriffe verstehen, die als Kategorien eine in bestimmtem Sinn prinzipielle Bedeutung haben, und dann weiter die Wesensgesetze, die in diesen Begriffen gründen.

52   III. VORLESUNG

Halten wir den ersten Begriff von Apriori hier fest, so hat es
die Phänomenologie mit dem Apriori in der Sphäre der Ursprünge, der absoluten Gegebenheiten zu tun, mit den in gene-
rellem Schauen zu fassenden Spezies und mit den apriorischen
5   Sachverhalten, die unmittelbar schaubar sich auf Grund derselben konstituieren. In den Richtungen auf die Kritik der
Vernunft, der theoretischen nicht nur, sondern auch der praktischen und jedweder Vernunft ist das Hauptziel freilich das
Apriori in zweiten Sinn, die Feststellung der selbst zu gebenden
10 prinzipiellen Formen und Sachverhalte und mittels dieser Selbst-
gegebenheiten die Realisierung, die Auswertung und Bewertung
der mit dem Anspruch auf prinzipielle Bedeutung auftretenden
Begriffe und Gesetze der Logik, der Ethik, der Wertlehre.

IV. VORLESUNG

Erweiterung der Forschungssphäre durch die Intentionalität S. 55. — Die Selbstgegebenheit des Allgemeinen; die philosophische Methode der Wesensanalyse S. 56. — Kritik der Gefühlstheorie der Evidenz; Evidenz als Selbstgegebenheit S. 59. — Keine Beschränkung auf die Sphäre der reellen Immanenz; Thema alle Selbstgegebenheit S. 60.

Halten wir uns an die bloße Phänomenologie der Erkenntnis, so handelt es sich in ihr um das direkt anschaulich aufweisbare Wesen der Erkenntnis, d.h. um eine schauende, im Rahmen der phänomenologischen Reduktion und Selbstgegeben-
5 heit sich haltende Aufweisung und analytische Scheidung der mannigfachen Artungen von Phänomenen, die der weitfältige Titel „Erkenntnis" umfaßt. Die Frage ist dann, was in ihnen wesentlich liegt und gründet, aus welchen Faktoren sie sich aufbauen, welche Komplexionsmöglichkeiten sie, immer wesent-
10 lich und rein immanent, fundieren und welche generellen Verhältnisse überhapt hier entquellen.

Und nicht bloß um das reell Immanente handelt es sich, sondern auch um das i m i n t e n t i o n a l e n S i n n I m m an e n t e. Die Erkenntniserlebnisse, das gehört zu ihrem Wesen,
15 haben eine *intentio*, sie meinen etwas, sie beziehen sich in der oder jener Art auf eine Gegenständlichkeit. Das sich auf eine Gegenständlichkeit Beziehen gehört ihnen zu, wenn auch die Gegenständlichkeit ihnen nicht zugehört. Und das Gegenständliche kann erscheinen, kann im Erscheinen eine gewisse Gege-
20 benheit haben, während es gleichwohl weder reell im Erkenntnisphänomen ist, noch auch sonst als *cogitatio* ist. Das Wesen der Erkenntnis klären und die Wesenzusammenhänge, die zu ihr gehören, zur Selbstgegebenheit bringen, das heißt also nach diesen beiden Seiten forschen, dieser zum Wesen der Erkennt-
25 nis gehörigen Beziehung nachgehen. Und hier liegen ja die Rätsel, die Mysterien, die Probleme um den letzten Sinn der Gegenständlichkeit der Erkenntnis, darunter ihrer Triftigkeit, bzw. Untriftigkeit, wenn sie urteilende Erkenntnis, ihrer Adäquation, wenn sie evidente Erkenntnis ist usw.

30 Jedenfalls ist diese ganze Wesensforschung offenbar in der Tat generelle Forschung. Das singuläre Erkenntnisphänomen, im Bewußtseinsfluß kommend und schwindend, ist nicht das Objekt der phänomenologischen Feststellung. Auf die „Erkenntnis-

56 IV. VORLESUNG

quellen" ist es abgesehen, auf die generell zu erschauenden Ursprünge, auf die generellen absoluten Gegebenheiten, die die allgemeinen Grundmaße darstellen, an denen aller Sinn und dann auch das Recht des verworrenen Denkens zu messen und
5 alle Rätsel, die es in seiner Gegenständlichkeit stellt, zu lösen sind.

Doch kann wirklich A l l g e m e i n h e i t, können allgemeine Wesen und zu ihnen gehörige allgemeine Sachverhalte in gleichem Sinne zur Selbstgegebenheit kommen wie eine
10 *cogitatio?* T r a n s z e n d i e r t n i c h t d a s A l l g e m e i n e
a l s s o l c h e s d i e E r k e n n t n i s? Die allgemeine Erkenntnis als absolutes Phänomen ist freilich gegeben; aber in ihr suchen wir vergeblich das Allgemeine, das ja in unzähligen möglichen Erkenntnissen gleichen immanenten Gehalts das im
15 strengsten Sinn Identische sein soll.

Wir antworten natürlich, wie wir schon geantwortet haben: diese Transzendenz hat das Allgemeine natürlich. Jeder reelle Teil des Erkenntnisphänomens, dieser phänomenologischen Einzelheit, ist wieder eine Einzelheit, und so kann das Allgemeine,
20 das ja keine Einzelheit ist, nicht reell im Allgemeinheitsbewußtsein enthalten sein. Aber an d i e s e r Transzendenz Anstoß zu nehmen, das ist nichts weiter als Vorurteil, es stammt aus einer unpassenden und nicht aus der Quelle selbst geschöpften Betrachtung der Erkenntnis. Eben das muß man sich ja zur
25 Klarheit bringen, daß das absolute Phänomen, die reduzierte *cogitatio* uns nicht darum als absolute Selbstgegebenheit gilt, weil sie Einzelheit ist, sondern weil sie sich im reinen Schauen nach der phänomenologischen Reduktion e b e n a l s a b s o-
l u t e S e l b s t g e g e b e n h e i t herausstellt. Rein schauend
30 vorfinden können wir als e b e n solche absolute Gegebenheit aber nicht minder die Allgemeinheit.

Ist dem wirklich so? Nun, sehen wir uns doch Fälle der Gegebenheit des Allgemeinen an, d.i. Fälle wo auf Grund erschauter und selbstgegebener Einzelheit ein rein immanentes Allgemein-
35 heitsbewußtsein sich konstituiert. Ich habe eine Einzelanschauung, oder mehrere Einzelanschauungen von Rot, ich halte die reine Immanenz fest, ich sorge für phänomenologische Reduktion. Ich schneide ab, was das Rot sonst bedeutet, as was es da transzendent apperzipiert sein mag, etwa als Rot eines Löschblattes

IV. VORLESUNG

auf meinem Tisch und dgl., und nun vollziehe ich rein schauend
den S i n n des Gedankens Rot überhaupt, Rot *in specie*, etwa
das aus dem und jenem herausgeschaute i d e n t i s c h e A l l-
g e m e i n e; die Einzelheit als solche ist nun nicht mehr gemeint,
5 nicht dies und jenes, sondern Rot überhaupt. Tun wir das in der
Tat rein schauend, könnten wir da verständlicherweise noch
zweifeln, was Rot überhaupt sei, was mit dergleichen gemeint
sei, was es seinem Wesen nach sein mag? Wir schauen es ja, da
ist es, das da meinen wir, diese Rotartung. Könnte eine Gott-
10 heit, ein unendlicher Intellekt vom Wesen des Rot mehr haben,
als daß er es eben generell schaut?

Und wenn wir nun etwa zwei Rotspecies gegeben haben, zwei
Rotnuancen, können wir nicht urteilen, diese und jene sind
einander ähnlich, nicht diese individuell einzelnen Rotphänomene,
15 sondern die Artungen, die Nuancen als solche; ist das Ähn-
lichkeitsverhältnis hier nicht eine generelle absolute Gegebenheit?

Also auch diese Gegebenheit ist eine rein immanente, nicht
immanent im falschen Sinn, nämlich sich in der Sphäre des indivi-
20 duellen Bewußtseins haltend. Von den Akten der Abstraktion
im psychologischen Subjekt und den psychologischen Bedingungen, unter denen sie sich vollzieht, ist gar keine Rede. Die Rede
ist vom generellen Wesen oder Sinn Rot und seiner Gegebenheit
im generellen Schauen.

25 So wie es nun sinnlos ist, noch zu fragen und zu zweifeln, was
denn das Wesen von Rot sei, oder was der Sinn von Rot sei, wenn
man Rot schauend und es in spezifischer Artung fassend mit dem
Wort Rot eben genau das meint, was da gefaßt und geschaut
ist, so hat es keinen Sinn, noch in Betreff des Wesens der Erkennt-
30 nis und der kardinalen Gestaltung der Erkenntnis zu zweifeln,
was ihr Sinn sei, wenn man in rein schauender und ideierender
Betrachtung innerhalb der Sphäre der phänomenologischen Reduktion die betreffenden exemplarischen Phänomene vor Augen
und die betreffende Artung gegeben hat. Nur ist freilich Erkennt-
35 nis keine so einfache Sache wie Rot, gar mannigfaltige Formen
und Arten derselben sind zu unterscheiden und nicht nur das,
sie sind in ihren Wesensbeziehungen zu einander zu erforschen.
Denn Erkenntnis verstehen das heißt, die t e l e o l o g i s c h e n
Z u s a m m e n h ä n g e der Erkenntnis zu genereller Klärung

58 IV. VORLESUNG

bringen, die auf gewisse Wesensbeziehungen verschiedener Wesenstypen intellektueller Formen hinauslaufen. Und dahin gehört auch die letzte Aufklärung der Prinzipien, die als ideale Bedingungen der Möglichkeit wissenschaftlicher Objektivität 5 alles empirische wissenschaftliche Verfahren als Normen regeln. Die ganze Forschung der Aufklärung der Prinzipien bewegt sich durchaus in der Wesenssphäre, die wiederum auf dem Untergrunde singulärer Phänomene der phänomenologischen Reduktion sich konstituiert.

10 Die Analyse ist in jedem Schritt Wesensanalyse und Erforschung der in unmittelbarer Intuition zu konstituierenden generellen Sachverhalte. Die ganze Untersuchung ist also eine apriorische; natürlich ist sie nicht eine apriorische im Sinne mathematischer Deduktionen. Was sie von den objektivierenden aprio-15 rischen Wissenschaften unterscheidet, ist ihre Methode und ihr Ziel. D i e P h ä n o m e n o l o g i e v e r f ä h r t s c h a u e n d a u f k l ä r e n d , S i n n b e s t i m m e n d u n d S i n n u n t e r s c h e i d e n d . Sie vergleicht, sie unterscheidet, sie verknüpft, setzt in Beziehung, trennt in Teile, oder scheidet ab Mo-20 mente. Aber alles in reinem Schauen. Sie theoretisiert und mathematisiert nicht; sie vollzieht nämlich keine Erklärungen im Sinne der deduktiven Theorie. Indem sie die Grundbegriffe und Grundsätze, die als Prinzipien die Möglichkeit objektivierender Wissenschaft beherrschen, aufklärt (aber schließlich auch 25 ihre eigenen Grundbegriffe und Prinzipien zum Gegenstand reflektiver Aufklärung macht), ist sie zu Ende, wo objektivierende Wissenschaft anhebt. Sie ist also Wissenschaft in einem ganz anderen Sinn und mit ganz anderen Aufgaben und ganz anderen Methoden. D a s s c h a u e n d e u n d i d e i e r e n -30 d e V e r f a h r e n i n n e r h a l b d e r s t r e n g s t e n p h ä - n o m e n o l o g i s c h e n R e d u k t i o n i s t i h r a u s - s c h l i e ß l i c h e s E i g e n t u m , e s i s t d i e s p e z i - f i s c h p h i l o s o p h i s c h e M e t h o d e , i n s o f e r n a l s d i e s e M e t h o d e w e s e n t l i c h z u m S i n n d e r 35 E r k e n n t n i s k r i t i k u n d s o ü b e r h a u p t z u j e - d e r l e i K r i t i k d e r V e r n u n f t g e h ö r t (also auch der wertenden und praktischen Vernunft). Was aber neben der Kritik der Vernunft im echten Sinne noch Philosophie heißt, ist durchaus auf diese zu beziehen: also Metaphysik der

IV. VORLESUNG

Natur und Metaphysik des gesamten Geisteslebens und so Metaphysik überhaupt im weitesten Verstande.

Man spricht in solchen Fällen des Schauens von E v i d e n z, und in der Tat haben diejenigen, welche den prägnanten Evidenzbegriff kennen und ihn seinem Wesen nach festhalten, ausschließlich derartige Vorkommnisse im Auge. Das Fundamentale ist, daß man nicht übersieht, daß Evidenz dann dieses in der Tat schauende, direkt und adäquat selbst fassende Bewußtsein ist, daß es nichts anderes als adäquate Selbstgegebenheit besagt. Die empiristischen Erkenntnistheoretiker, die vom Werte der Ursprungsforschung so viel reden und dabei den wahren Ursprüngen ebenso fern bleiben wie die extremsten Rationalisten, wollen uns glauben machen, der ganze Unterschied zwischen evidenten und nicht evidenten Urteilen bestehe in einem gewissen Gefühle, durch das sich die ersteren auszeichnen. Aber was kann hier ein Gefühl verständlich machen? Was soll es leisten? Soll es uns etwa zurufen: halt! hier ist die Wahrheit? Aber warum müssen wir ihm dann glauben, muß dieser Glaube wieder einen Gefühlsindex haben? Und warum hat ein Urteil des Sinnes 2 mal 2 ist 5 niemals diesen Gefühlsindex, und warum kann es ihn nicht haben? Wie kommt man eigentlich zu dieser gefühlvollen Indiceslehre? Nun, man sagt sich: dasselbe Urteil, logisch gesprochen, etwa das Urteil 2 mal 2 ist 4, kann mir einmal evident sein und einmal nicht, derselbe Begriff der 4 kann mir einmal intuitiv in Evidenz gegeben sein und das andere Mal in bloß symbolischer Vorstellung. Also inhaltlich beiderseits dasselbe Phänomen, aber auf der einen Seite ein Wert-Vorzug, ein Charakter, der Wert verleiht, ein auszeichnendes Gefühl. Habe ich in der Tat beiderseits dasselbe, nur einmal ein Gefühl beigegeben, das andere Mal nicht? Sieht man sich aber die Phänomene an, so merkt man sofort, daß in Wirklichkeit nicht beide Male dasselbe Phänomen vorliegt, sondern zwei wesentlich verschiedene Phänomene, die nur ein Gemeinsames haben. Sehe ich, daß 2 mal 2 gleich 4 ist, und sage ich es in vag symbolischem Urteilen, so meine ich ein Gleiches, aber ein Gleiches meinen, heißt nicht dasselbe Phänomen haben. Der Gehalt ist beiderseits verschieden, einmal schaue ich, und im Schauen ist der Sachverhalt selbst gegeben, das andere Mal habe ich die symbolische Meinung. Einmal habe ich Intuition, das andere Mal Leerintention.

IV. VORLESUNG

Also besteht der Unterschied darin, daß ein beiderseits Gemeinsames vorhanden ist, der gleiche „Sinn", einmal mit einem Gefühlsindex und das andere Mal nicht? Man sehe sich doch nur die Phänomene selbst an, statt von oben her über sie zu reden und zu konstruieren. Nehmen wir noch ein einfacheres Beispiel: wenn ich einmal Rot in lebendiger Anschauung habe und das andere Mal in symbolischer Leerintention an Rot denke, ist dann etwa beide Male dasselbe Rotphänomen reell gegenwärtig, nur das eine Mal mit einem Gefühl und das andere Mal ohne Gefühl?

Man braucht sich die Phänomene also nur anzusehen und erkennt, daß sie durch und durch andere sind, geeint nur durch ein beiderseits zu Identifizierendes, das wir Sinn nennen. Besteht aber die Verschiedenheit in den Phänomenen selbst, bedarf es dann etwa noch eines Gefühls zur Unterscheidung? Und besteht der Unterschied eben nicht darin, daß im einen Falle Selbstgegebenheit des Rot vorliegt, Selbstgegebenheit der Zahlen und der generellen Zahlengleichheit, oder in subjektivem Ausdruck adäquat schauendes Erfassen und Selbsthaben dieser Sachen, und das andere Mal eben bloßes Meinen der Sachen? Mit dieser gefühlvollen Evidenz können wir uns also nicht befreunden. Sie könnte selbst nur Recht haben, wenn sie sich im reinen Schauen ausweise und wenn reines Schauen eben das bedeutete, was w i r ihm zumuten und was ihr selbst widerspricht.

Wir können mit Verwendung des Evidenzbegriffes nun auch sagen: vom Sein der *cogitatio* haben wir Evidenz, und weil wir Evidenz haben, impliziert sie kein Rätsel, also auch nicht das Rätsel der Transzendenz, sie gilt uns als ein Fragloses, über das wir verfügen dürfen. Nicht minder haben wir vom Allgemeinen Evidenz, a l l g e m e i n e G e g e n s t ä n d l i c h k e i t e n u n d S a c h v e r h a l t e kommen uns zur Selbstgegebenheit, und sie sind im selben Sinne also fraglos gegeben, eben im strengsten Sinn adäquat selbstgegeben.

Demnach bedeutet die phänomenologische Reduktion nicht etwa die Einschränkung der Untersuchung auf die Sphäre der reellen Immanenz, auf die Sphäre des im absoluten Dies der *cogitatio* reell Beschlossenen, sie bedeutet überhaupt nicht Einschränkung auf die Sphäre der *cogitatio,* sondern die Beschränkung auf die Sphäre der r e i n e n S e l b s t g e g e b e n h e i t e n, auf die Sphäre dessen, über das nicht nur geredet und das

IV. VORLESUNG

61

nicht nur gemeint wird, auch nicht auf die Sphäre dessen, was wahrgenommen wird, sondern dessen, was genau in dem Sinn, in dem es gemeint ist, auch gegeben ist und selbstgegeben im strengsten Sinn, derart daß nichts von dem Gemeinten nicht
5 gegeben ist. Mit einem Wort, Beschränkung auf die Sphäre der reinen Evidenz, das Wort aber in einem gewissen strengen Sinn verstanden, der schon die „mittelbare Evidenz" und vor allem alle Evidenz im laxen Sinne ausschließt.

Absolute Gegebenheit ist ein Letztes. Natürlich kann man
10 leicht sagen und behaupten, man hätte etwas absolut gegeben, und es ist in Wahrheit nicht so. Auch absolute Gegebenheit kann vage beredet und kann in absoluter Gegebenheit gegeben sein. Wie ich ein Phänomen Rot schauen kann und bloß, ohne Schauen, darüber sprechen kann, so kann ich auch über das
15 Schauen des Rot sprechen und auf das Schauen des Rot hin schauen und so das Schauen des Rot selbst schauend fassen. Andrerseits die Selbstgegebenheit überhaupt leugnen, das heißt alle letzte Norm, alles der Erkenntnis Sinn gebende Grundmaß leugnen. Dann müßte man aber auch alles für Schein erklären
20 und in widersinniger Weise auch den Schein als solchen für Schein erklären und so überhaupt in die Widersinnigkeit des Skeptizismus sich einlassen. Doch selbstverständlich, in dieser Weise kann gegen den Skeptiker nur derjenige argumentieren, der Gründe s i e h t, der dem Sehen, dem Schauen, der Evidenz
25 eben Sinn beläßt. Wer nicht sieht oder nicht sehen mag, wer redet und selbst argumentiert, aber immerfort dabei bleibt, alle Widersprüche auf sich zu nehmen und zugleich alle Widersprüche zu leugnen, mit dem können wir nichts anfangen. Wir können nicht antworten: „offenbar" ist es so, er leugnet, daß
30 es so etwas wie „offenbar" gibt; etwa so, wie wenn ein nicht Sehender das Sehen leugnen wollte; oder noch besser, wenn ein Sehender, daß er selbst sehe und daß es Sehen gibt, leugnen wollte. Wie könnten wir ihn überzeugen, unter der Voraussetzung, daß er keinen anderen Sinn hätte?
35 Halten wir also die absolute Selbstgegebenheit fest, von der wir nun schon wissen, daß sie nicht Selbstgegebenheit reeller Einzelheiten, etwa der absoluten Einzelheiten der *cogitatio* besagt, dann fragt es sich, wie weit sie reicht und inwiefern sie sich oder in welchem Sinne sie sich an die Sphäre der *cogitationes*

IV. VORLESUNG

und der sie generalisierenden Allgemeinheiten bindet. Hat man das erste und naheliegende Vorurteil abgeworfen, das in der singulären *cogitatio* und in der Sphäre der reellen Immanenz das einzige absolut Gegebene sieht, so muß man nun auch das weitere und nicht minder naheliegende Vorurteil abtun, als ob n u r in den aus dieser Sphäre entnommenen generellen Intuitionen neue selbstgegebene Gegenständlichkeiten erwüchsen.

„Wir haben in reflektiver Wahrnehmung absolut gegeben die *cogitationes,* in dem wir sie bewußt erleben", so möchte man anfangen; und dann können wir auf das in ihnen und in ihren reellen Momenten sich vereinzelnde Allgemeine hinschauen, in schauender Abstraktion Allgemeinheiten fassen und die Wesenszusammenhänge, die rein in diesen gründen, als selbstgegebene Sachverhalte im schauend-beziehenden Denken konstituieren. Das ist alles.

Indessen, keine Neigung ist für die schauende Erkenntnis der Ursprünge, der absoluten Gegebenheiten gefährlicher als die, sich zu viel Gedanken zu machen und aus diesen denkenden Reflexionen vermeintliche Selbstverständlichkeiten zu schöpfen. Selbstverständlichkeiten, die zumeist gar nicht ausdrücklich formuliert zu werden pflegen und schon darum keiner schauenden Kritik unterworfen werden, die vielmehr unausgesprochen die Richtung der Forschung bestimmen und unzulässig begrenzen. S c h a u e n d e   E r k e n n t n i s   i s t   d i e   V e r n u n f t, d i e   s i c h   v o r s e t z t,   d e n   V e r s t a n d   e b e n   z u r V e r n u n f t   z u   b r i n g e n. Der Verstand darf nicht dazwischenreden und seine uneingelösten Blankoscheine zwischen die eingelösten schmuggeln; und seine Methode des Umwechselns und Umrechnens, die sich auf die bloßen Schatzanweisungen gründet, ist hier durchaus nicht in Frage gestellt.

Also möglichst wenig Verstand, aber möglichst reine Intuition; (*intuitio sine comprehensione*) ; wir werden in der Tat an die Rede der Mystiker erinnert, wenn sie das intellektuelle Schauen, das kein Verstandeswissen sei, beschreiben. Und die ganze Kunst besteht darin, rein dem schauenden Auge das Wort zu lassen und das mit dem Schauen verflochtene transzendierende Meinen, das vermeintliche Mitgegebenhaben, das Mitgedachte und ev. das durch hinzukommende Reflexion Hineingedeutete auszuschalten. Die beständige Frage lautet: ist dies Vermeinte im

IV. VORLESUNG 63

echten Sinn gegeben, im strengsten Sinn geschaut und gefaßt,
oder geht das Vermeinen darüber hinaus?

Dies vorausgesetzt, erkennen wir bald, daß es eine F i k t i o n
wäre zu glauben, die schauende Forschung bewege sich in der
5 Sphäre einer sogenannten i n n e r e n W a h r n e h m u n g
und einer darauf gebauten rein immanenten, ihre Phänomene und
Phänomen-Momente ideierenden Abstraktion. Es gibt vielfältige
Modi der Gegenständlichkeit und mit ihnen der sogenannten Gegebenheit, und vielleicht ist die Gegebenheit des Seienden im Sinne
10 der sogenannten „inneren Wahrnehmung" und wieder die des
Seienden der natürlichen und objektivierenden Wissenschaft je
nur eine dieser Gegebenheiten, während die anderen, obschon als
nicht Seiende bezeichnet, doch auch Gegebenheiten sind und nur
dadurch, das sie es sind, jenen anderen gegenübergesetzt und in
15 der Evidenz von ihnen unterschieden werden können.

V. VORLESUNG

Die Konstitution des Zeitbewußtseins S. 67. — Wesenserfassung als evidente Gegebenheit der Essenz; Konstitution der singulären Essenz und des Allgemeinheitsbewußtseins S. 68. — Die kategorialen Gegebenheiten S. 71. — Das symbolisch Gedachte als solches S. 73. — Das Forschungsgebiet in seinem weitesten Umfang: die Konstitution der verschiedenen Modi der Gegenständlichkeit in der Erkenntnis; das Problem der Korrelation von Erkenntnis und Erkenntnisgegenständlichkeit S. 73.

Die Idee der Phänomenologie

Haben wir die Evidenz der *cogitatio* festgestellt und dann den weiteren Schritt der evidenten Gegebenheit des Allgemeinen zugestanden, so führt dieser Schritt sofort zu weiteren.

Farbe wahrnehmend und dabei Reduktion übend, gewinne ich das reine Phänomen Farbe. Und vollziehe ich nun reine Abstraktion, so gewinne ich das Wesen phänomenologische Farbe überhaupt. Aber bin ich nicht auch im vollen Besitz dieses Wesens, wenn ich eine klare Phantasie habe?

Was dann die Erinnerung anlangt, so ist sie keine so einfache Sache und bietet schon verschiedene Gegenständlichkeitsformen und Gegebenheitsformen ineinander verflochten. So könnte man hinweisen auf die sogenannte primäre Erinnerung, auf die mit jeder Wahrnehmung notwendig verflochtene Retention. Das Erlebnis, das wir jetzt erleben, wird uns in der unmittelbaren Reflexion gegenständlich, und es stellt sich in ihm immerfort dasselbe Gegenständliche dar: derselbe Ton, soeben noch als wirkliches Jetzt gewesen, immerfort derselbe, aber in die Vergangenheit zurückrückend und dabei denselben objektiven Zeitpunkt konstituierend. Und wenn der Ton nicht aufhört, sondern dauert und während seiner Dauer sich inhaltlich als derselbe oder inhaltlich als sich verändernd darstellt, ist da nicht, daß er dauert oder sich verändert, mit Evidenz (innerhalb gewisser Grenzen) zu fassen? Und liegt darin nicht wiederum, daß das Schauen über den reinen Jetztpunkt hinausreicht, also das nicht mehr jetzt Seiende im jeweiligen neuen Jetzt intentional festzuhalten und einer Vergangenheitsstrecke in der Weise evidenter Gegebenheit gewiß zu werden vermag? Und wieder scheidet sich hier einerseits das jeweilige Gegenständliche, das ist und war, das dauert und sich verändert, und andrerseits das jeweilige Gegenwarts- und Vergangenheitsphänomen, Dauer- und Veränderungsphänomen, das jeweils ein Jetzt ist und in seiner Abschattung, die es enthält, und in seiner ste-

68   V. VORLESUNG

tigen Veränderung, die es selbst erfährt, das z e i t l i c h e S e i n
zur Erscheinung, zur Darstellung bringt. Das Gegenständliche
ist kein reelles Stück des Phänomens, in seiner Zeitlichkeit hat es
etwas, was sich im Phänomen gar nicht finden und darin auflösen
5 läßt, und doch konstituiert es sich im Phänomen. Es stellt sich
darin dar und ist darin als „seiend" evident gegeben.

Weiter, was die Wesensgegebenheit anlangt, so konstituiert sie
sich nicht bloß auf Grund der Wahrnehmung und der in ihr ver-
flochtenen Retention so, daß die dem Phänomen selbst ein All-
10 gemeines sozusagen entnimmt, sondern auch so, daß sie den erscheinenden Gegenstand v e r a l l g e m e i n e r t, im Hinblick
auf ihn Allgemeinheit setzt: z.B. zeitlichen Inhalt überhaupt,
Dauer überhaupt, Veränderung überhaupt. Ferner auch die
Phantasie und Wiedererinnerung kann ihr als Unterlage dienen,
15 sie gibt selbst die rein zu fassenden Möglichkeiten; in gleichem
Sinn entnimmt sie auch aus diesen Akten Allgemeinheiten, die
andrerseits doch nicht in diesen reell enthalten sind.

Es ist offenbar, daß eine voll evidente Wesenserfassung zwar
auf singuläre Anschauung z u r ü c k w e i s t, auf Grund deren
20 sie sich konstituieren muß, aber darum n i c h t a u f s i n g u-
l ä r e W a h r n e h m u n g, die das exemplarisch Einzelne als
ein reell jetzt Gegenwärtiges gegeben hat. Das Wesen von phänomenologischer Tonqualität, Tonintensität, von Farbenton, von
Helligkeit und dgl. ist selbst gegeben, ebensowohl dann, wenn die
25 ideierende Abstraktion sich auf Grund einer W a h r n e h-
m u n g vollzieht oder auf Grund einer P h a n t a s i e v e r g e-
g e n w ä r t i g u n g, und die wirkliche und modifizierte E x i-
s t e n z s e t z u n g ist beiderseits i r r e l e v a n t. Dasselbe
gilt von der Wesenserfassung, die sich auf die Species im eigent-
30 lichen Sinn psychischer Data bezieht, wie Urteil, Bejahung, Ver-
neinung, Wahrnehmung, Schluß und dgl. Und natürlich gilt es
weiter von generellen Sachverhalten, die zu solchen Allgemeinheiten gehören. Die Einsicht, daß von zwei Tonarten eine die
niedere, die andere die höhere ist, und daß dieses Verhältnis ein
35 nicht umkehrbares ist, konstituiert sich im Schauen. Exempel
müssen vor Augen stehen, aber sie müssen es nicht in der Weise
von Sachverhalten der Wahrnehmung. Für die Wesensbetrachtung rangiert Wahrnehmung und Phantasievorstellung ganz
gleich, aus beiden ist dasselbe Wesen gleich gut herauszuschauen,

V. VORLESUNG

heraus zu abstrahieren und, die eingewobenen Existenzsetzungen sind irrelevant; daß der wahrgenommene Ton mitsamt seiner Intensität, Qualität usw. in gewissem Sinn e x i s t i e r t, der Phantasieton, sagen wir geradezu der fingierte, n i c h t e x i-
5 s t i e r t, daß der eine evidentermaßen reell gegenwärtig ist, der andere nicht, daß er im Falle der Wiedererinnerung statt als jetzt vielmehr als gewesen gesetzt und im Jetzt nur vergegenwärtigt ist, das gehört in eine andere Betrachtung, für die Wesensbetrachtung kommt es nicht in Frage, außer sie richtet sich darauf,
10 gerade diese Unterschiede, die auch ihre Gegebenheit haben, zu präsentieren und generelle Einsichten über sie festzustellen.

Es ist ja übrigens klar, daß selbst wenn die unterliegenden Exempel in Wahrnehmungen gegeben sind, gerade das nicht in Betracht kommt, was der Wahrnehmungsgegebenheit die Aus-
15 zeichnung gibt: die Existenz. Phantasie fungiert aber nicht nur für die Wesensbetrachtung gleich der Wahrnehmung, sie scheint auch in sich selbst s i n g u l ä r e G e g e b e n h e i t e n zu enthalten, und zwar als wirklich evidente Gegebenheiten.

Nehmen wir die b l o ß e P h a n t a s i e, als ohne Erinne-
20 rungssetzung. Eine phantasierte Farbe ist keine Gegebenheit im Sinne einer Empfindungsfarbe. Wir unterscheiden die phantasierte Farbe von einem Erlebnis des Phantasierens dieser Farbe. Das Mir-vorschweben der Farbe (um es roh auszudrücken) ist ein Jetzt, ist eine jetzt seiende *cogitatio*, die Farbe aber selbst ist
25 keine jetzt seiende Farbe, sie ist nicht empfunden. Andrerseits in gewisser Weise gegeben ist sie doch, sie steht mir ja vor Augen. So gut wie die Empfindungsfarbe kann auch sie reduziert werden, durch Ausschluß aller transzendenten Bedeutungen, sie bedeutet mir also nicht Farbe des Papiers, Farbe des Hauses und dgl. Alle
30 empirische Existenzsetzung kann suspendiert werden; dann nehme ich sie genau so, wie ich sie „schaue", quasi „erlebe". Ein reeller Teil des Phantasieerlebnisses ist sie aber trotzdem nicht, sie ist nicht gegenwärtige sondern vergegenwärtigte Farbe, sie steht g l e i c h s a m vor Augen aber nicht als reelle Gegen-
35 wart. Aber bei alledem ist sie erschaut und als erschaute ist sie in gewissem Sinne gegeben. Ich setze sie damit nicht als physische oder psychische E x i s t e n z, ich setze sie auch nicht als Existenz im Sinne einer echten *cogitatio*; denn diese ist ein reelles Jetzt, eine Gegebenheit, die mit Evidenz als Jetztgegebenheit

70 V. VORLESUNG

charakterisiert ist. Daß die Phantasiefarbe in dem einen und anderen Sinn nicht gegeben ist, besagt doch nicht, daß sie es in keinem Sinne ist. Sie erscheint und erscheint selbst, sie stellt sich selbst dar, sie selbst in ihrer Vergenwärtigung schauend kann
5 ich über sie urteilen, über die sie konstituierenden Momente und deren Zusammenhänge. Natürlich sind auch diese im selben Sinn gegeben und im selben nicht „wirklich" existierend im gesamten Phantasieerlebnis, nicht reell gegenwärtig, nur „vorgestellt". Das reine Phantasieurteil, das bloß ausdrückt den I n h a l t ,
10 das singuläre Wesen des Erscheinenden kann sagen: dies ist so geartet, enthält diese Momente, verändert sich so und so, ohne im geringsten über Existenz als wirkliches Sein in der wirklichen Zeit, über wirkliches Jetztsein, Vergangensein, Künftigsein zu urteilen. Wir könnten also sagen, über die i n d i v i d u e l l e
15 E s s e n z wird geurteilt und nicht über die Existenz. Eben darum ist das generelle Wesensurteil, das wir gewöhnlich schlechtweg als Wesensurteil bezeichnen, von dem Unterschied zwischen Wahrnehmung und Phantasie unabhängig. Wahrnehmung setzt E x i s t e n z , hat aber auch eine E s s e n z , der als
20 existierend gesetzte I n h a l t kann derselbe sein in der Vergegenwärtigung.

Die Gegenüberstellung aber von E x i s t e n z und E s s e n z , was besagt sie anders, als daß hier zwei Seinsweisen in zwei Modis der Selbstgegebenheit sich bekunden und zu unter-
25 scheiden sind. Im bloßen Phantasieren einer Farbe ist die Existenz, die die Farbe als Wirklichkeit in der Zeit ansetzt, außer Frage; darüber ist nichts geurteilt und davon ist auch im I n h a l t der Phantasie nichts gegeben. Aber diese Farbe erscheint, sie steht da, sie ist ein Dies, das Subjekt eines Urteils werden
30 kann: und eines evidenten. Also ein Modus der Gegebenheit bekundet sich in den Phantasieanschauungen und den evidenten Urteilen, die in ihnen gründen. Freilich halten wir uns in der individuell einzelnen Sphäre, so ist mit derartigen Urteilen nicht viel anzufangen. Nur wenn wir generelle Wesensurteile konsti-
35 tuieren, gewinnen wir feste Objektivität, wie sie Wissenschaft fordert. Aber darauf kommt es hier nicht an. Damit scheinen wir aber in einen schönen Malstrom hineinzugeraten.

Der Anfang war die E v i d e n z d e r *cogitatio*. Da schien es zunächst, als hätten wir einen festen Boden, lauter

V. VORLESUNG

p u r e s S e i n. Man hätte hier nur einfach zuzugreifen und zu schauen. Daß man im Hinblick auf diese Gegebenheiten vergleichen und unterscheiden, daß man da spezifische Allgemeinheiten herausstellen und so Wesensurteile gewinnen könne, das möchte man leicht zugestehen. Aber nun zeigt es sich, daß pure Sein der *cogitatio* in genauer Betrachtung sich gar nicht als so einfache Sache darstellt, es zeigte sich, daß sich schon in der cartesianischen Sphäre v e r s c h i e d e n e G e g e n s t ä n d l i c h k e i t e n "konstituieren" und das Konstituieren sagt, daß immanente Gegebenheiten nicht, wie es zuerst scheint, im Bewußtsein so wie in einer Schachtel einfach sind, sondern daß sie sich jeweils in so etwas wie "Erscheinungen" darstellen, in Erscheinungen, die nicht selbst die Gegenstände sind und die Gegenstände reell enthalten, Erscheinungen, die in ihrem wechselnden und sehr merkwürdigen Bau die Gegenstände für das Ich gewissermaßen schaffen, sofern gerade Erscheinungen solcher Artung und Bildung dazu gehören, damit das vorliegt, was da "Gegebenheit" heißt.

In der Wahrnehmung mit ihrer Retention konstituiert sich das u r s p r ü n g l i c h e Z e i t o b j e k t, nur in einem solchen Bewußtsein kann Zeit gegeben sein. So konstituiert sich in dem auf Wahrnehmung oder Phantasie gebauten A l l g e m e i n h e i t s b e w u ß t s e i n das Allgemeine, in der Phantasie aber auch in der Wahrnehmung konstituiert sich bei Absehen von der Existenzsetzung der Anschauungsinhalt im Sinne der singulären E s s e n z. Und dazu kommen, um gleich wieder daran zu erinnern, die kategorialen Akte, die Voraussetzung der evidenten Aussagen hier überall sind. Die kategorialen Formen, die da auftreten, die in Wörtern wie i s t und n i c h t, d a s s e l b e und a n d e r e s, e i n e s u n d m e h r e r e, u n d und o d e r in der Form der Prädikation und Attribution usw. zum Ausdruck kommen, weisen auf Formen des Denkens hin, mittels welcher Denkformen aber, wenn sie sich passend aufbauen, auf dem Untergrunde synthetisch zu verknüpfender Elementarakte Gegebenheiten zum Bewußtsein kommen: Sachverhalte dieser oder jener ontologischen Form. Auch hier «geschieht» das sich "Konstituieren" der jeweiligen Gegenständlichkeit in so und so geformten Denkakten; und das Bewußtsein, in dem sich das Gegebensein, gleichsam das pure Schauen der Sachen vollzieht, ist abermals nicht so etwas wie eine bloße Schachtel, in der diese

72 V. VORLESUNG

Gegebenheiten einfach sind, sondern das s c h a u e n d e B e -
w u ß t s e i n, das sind — abgesehen von der Aufmerksamkeit —
s o u n d s o g e f o r m t e D e n k a k t e, und die Sachen, die
nicht die Denkakte sind, sind doch in ihnen konstituiert, kommen in ihnen zur Gegebenheit; und wesentlich nur so konstituiert zeigen sie sich als das, was sie sind.

Aber sind das nicht lauter Wunder? Und wo fängt dieses Ge-
genständlichkeit-konstituieren an und wo hört es auf? Gibt es da
wirkliche Grenzen? Ist nicht in jedem Vorstellen und Urteilen in
gewissem Sinne eine Gegebenheit vollzogen; ist nicht jede Gegenständlichkeit, sofern sie so oder so angeschaut, vorgestellt, gedacht ist, eine Gegebenheit und eine evidente Gegebenheit? In der
Wahrnehmung eines äußeren Dinges heißt eben das Ding, sagen
wir ein vor Augen stehendes Haus, wahrgenommen. Dieses Haus
ist eine Transzendenz und verfällt der Existenz nach der phänomenologischen Reduktion. Wirklich evident gegeben ist das
Hauserscheinen, diese *cogitatio*, im Flusse des Bewußtseins auf-
tauchend und verfließend. In diesem Hausphänomen finden wir
ein Rotphänomen, ein Ausdehnungsphänomen usw. Das sind
evidente Gegebenheiten. Ist es aber nicht auch evident, daß in
dem Hausphänomen eben ein Haus erscheint, um dessentwillen
es eben eine Haus-wahrnehmung heißt; und ein Haus nicht nur
überhaupt, sondern gerade dieses Haus, so und so bestimmt und
in solcher Bestimmtheit erscheinend. Kann ich nicht evident ur-
teilend sagen: erscheinungsmäßig oder im Sinn dieser Wahrnehmung ist das Haus so und so, ein Ziegelbau, mit Schiefer-
dach usw.?

Und wenn ich eine Fiktion in der Phantasie vollziehe, derart
daß mir etwa ein Ritter St. Georg vorschwebt ein Drachenunge-
tier tötend, ist es nicht evident, daß das Phantasiephänomen
eben St. Georg, und zwar diesen da, «der» so und so zu beschreiben «ist», vorstellt; und zwar jetzt diese „Transzendenz". Kann
ich nicht mit Evidenz hier urteilen, nicht über den reellen
Inhalt der Phantasieerscheinung, sondern über den erscheinenden Dinggegenstand? Freilich nur eine Seite des Gegenstandes
und bald diese und jene Seite, fällt in den Rahmen der eigentlichen Vergegenwärtigung, aber wie immer, evident ist es doch,
daß dieser Gegenstand Ritter St. Georg usw. im Sinne der
Erscheinung liegt und sich in ihr erscheinungsmäßig „als
Gegebenheit" bekundet.

V. VORLESUNG

Und schließlich das sogenannte s y m b o l i s c h e D e n -
k e n. Ich denke etwa 2 mal 2 ist 4 ohne jede Intuition. Kann ich
zweifeln, daß ich diesen Zahlensatz denke und daß das Gedachte
nicht etwa das heutige Wetter betrifft? Auch da habe ich Evi-
5 denz, also so etwas wie Gegebenheit? Und wenn wir so weit sind,
hilft alles nichts, wir müssen auch anerkennen, daß in gewisser
Weise auch das Widersinnige, das völlig Absurde „gegeben" ist.
Ein rundes Viereck erscheint nicht in der Phantasie, wie mir der
Drachentöter erscheint, und nicht in der Wahrnehmung wie ein
10 beliebiges Außending, aber ein intentionales Objekt ist doch
evidentermaßen da. Ich kann das Phänomen „Denken eines run-
den Vierecks" beschreiben, seinem reellen Gehalte nach, aber das
runde Viereck ist doch nicht darin, und doch ist es evident, daß
es in diesem Denken gedacht ist und daß dem so Gedachten als
15 solchen Rundheit und Viereckigkeit eben zugedacht ist, oder daß
das Objekt dieses Denkens ein rundes und zugleich viereckiges
ist.

Es soll nun keineswegs gesagt werden, daß diese in der letzten
Reihe aufgeführten Gegebenheiten wirkliche Gegebenheiten im
20 echten Sinne sind; wonach ja schließlich jedes Wahrgenommene,
Vorgestellte, Fingierte, symbolisch Vorgestellte, jedes Fiktum
und Absurdum „evident gegeben" wäre, sondern nur darauf hin-
gewiesen werden, daß hier g r o ß e S c h w i e r i g k e i t e n
l i e g e n. Prinzipiell können sie uns vor ihrer Klärung nicht
25 hindern   zu   sagen,   s o w e i t   w i r k l i c h e   E v i d e n z
r e i c h t,   s o w e i t   r e i c h t   G e g e b e n h e i t. Aber   natürlich wird überall die große Frage sein, im Vollzug der Evidenz
reinlich festzustellen, was in ihr wirklich gegeben ist und was
nicht, was ein uneigentliches Denken hierbei erst hineinschafft
30 und ohne Gegebenheitsgrund hineininterpretiert.

Und überall handelt es sich nicht darum, beliebige Erscheinungen als gegeben festzustellen, sondern das Wesen der Gegebenheit
und das Sich-konstituieren der verschiedenen Gegenständlich-
keitsmodi zur Einsicht zu bringen. Gewiß, jedes Denkphänomen
35 hat seine gegenständliche Beziehung und jedes, das ist eine erste
Wesenseinsicht, hat seinen reellen Inhalt, als Belauf der Momente,
die es im reellen Sinn komponieren; und andrerseits seinen in-
tentionalen Gegenstand, einen Gegenstand, den es je nach seiner
Wesensartung als so oder so konstituierten meint.

74 V. VORLESUNG

Ist diese Sachlage wirklich zur Evidenz zu bringen, so muß diese Evidenz uns alles nötige lehren; in ihr muß sich klarstellen, was diese „intentionale Inexistenz" eigentlich bedeutet und wie sie zum reellen Gehalt des Denkphänomens selbst steht. Wir müssen sehen, in welchem Zusammenhang sie als wirkliche und eigentliche Evidenz auftritt, und was in diesem Zusammenhang die wirkliche und eigentliche Gegebenheit ist. Es wird dann darauf ankommen, d i e   v e r s c h i e d e n e n   M o d i   d e r   e i g e n t l i c h e n   G e g e b e n h e i t ,   bzw.   d i e   K o n s t i t u t i o n   d e r   v e r s c h i e d e n e n   M o d i   d e r   G e g e n s t ä n d l i c h k e i t   und   i h r e   V e r h ä l t n i s s e   z u e i n a n d e r   h e r a u s z u s t e l l e n :   Gegebenheit der *cogitatio*, Gegebenheit der   i n   f r i s c h e r   E r i n n e r u n g   n a c h l e b e n d e n   *cogitatio*, die Gegebenheit der im phänomenalen Fluß dauernden   E r s c h e i n u n g s e i n h e i t ,   die   Gegebenheit der   V e r ä n d e r u n g   derselben, die Gegebenheit des   D i n g e s   i n   d e r   „äußeren" Wahrnehmung, die der verschiedenen Formen der Phantasie und Wiedererinnerung, sowie in entsprechenden Zusammenhängen mannigfaltiger synthetisch sich einigender   W a h r n e h m u n g e n   und sonstiger   V o r s t e l l u n g e n .   Natürlich auch die   l o g i s c h e n   G e g e b e n h e i t e n ,   die   Gegebenheit der   A l l g e m e i n h e i t ,   des   P r ä d i k a t s ,   des   S a c h v e r h a l t s   usw., auch die Gegebenheit eines   W i d e r s i n n s ,   eines   W i d e r s p r u c h s ,   eines   N i c h t s e i n s   usw. Überall ist die Gegebenheit, mag sich in ihr bloß Vorgestelltes oder wahrhaft Seiendes, Reales oder Ideales, Mögliches oder Unmögliches bekunden, eine   G e g e b e n h e i t   i m   E r k e n n t n i s p h ä n o m e n ,   im Phänomen eines Denkens im weitesten Wortsinn, und   ü b e r a l l   i s t   i n   d e r   W e s e n s b e t r a c h t u n g   d i e s e r   z u n ä c h s t   s o   w u n d e r b a r e n   K o r r e l a t i o n   n a c h z u g e h e n .

Nur in der Erkenntnis kann das Wesen der Gegenständlichkeit überhaupt nach allen ihren Grundgestaltungen studiert werden, nur in ihr ist es ja gegeben, ist es evident zu schauen. Dieses   e v i d e n t e   S c h a u e n   ist ja selbst die   E r k e n n t n i s   i m   p r ä g n a n t e s t e n   S i n n ;   und die Gegenständlichkeit ist nicht ein Ding, das in der Erkenntnis darin steckt wie in einem Sack, als ob die Erkenntnis eine überall gleich leere Form wäre, ein und derselbe leere Sack, in den einmal dies, einmal

V. VORLESUNG 75

jenes hineingesteckt ist. Sondern in der Gegebenheit sehen wir, daß der Gegenstand sich in der Erkenntnis konstituiert, daß so viele Grundgestaltungen der Gegenständlichkeit zu scheiden sind, so viele Grundgestaltungen auch
5 der gebenden Erkenntnisakte und Gruppen, Zusammenhänge von Erkenntnisakten. Und die Erkenntnisakte, weiter gefaßt die Denkakte überhaupt sind nicht zusammenhanglose Einzelheiten, zusammenhanglos im Fluß des Bewußtseins kommend und gehend. Sie zeigen, wesentlich aufeinander bezogen, teleologische
10 Zusammengehörigkeiten und entsprechende Zusammenhänge der Erfüllung, Bekräftigung, Bewährung und ihre Gegenstücke. Und auf diese Zusammenhänge, die die verstandesmäßige Einheit darstellen, kommt es an. Sie sind selbst Gegenständlichkeit konstituierende; sie verknüpfen logisch die
15 uneigentlich gebenden Akte und die eigentlich gebenden, Akte bloßen Vorstellens oder vielmehr bloßen Glaubens und Akte des Einsehens, und wieder die Mannigfaltigkeiten auf dasselbe Gegenständliche bezüglicher Akte, sei es anschaulichen, sei es unanschaulichen Denkens.
20 Und erst in diesen Zusammenhängen konstituiert sich, nicht in einem Schlage, sondern in einem aufsteigenden Prozeß die Gegenständlichkeit der objektiven Wissenschaft, vor allem die Gegenständlichkeit der realen räumlich-zeitlichen Wirklichkeit. All das ist zu studieren und in der Sphäre reiner Evidenz zu
25 studieren, um die großen Probleme des Wesens der Erkenntnis und des Sinnes der Korrelation von Erkenntnis und Erkenntnisgegenständlichkeit aufzuklären. Das ursprüngliche Problem war das Verhältnis zwischen subjektiv psychologischem Er-
30 lebnis und der in ihm erfaßten Wirklichkeit an sich, zunächst der realen Wirklichkeit und weiter auch der mathematischen und sonstiger idealer Wirklichkeiten. Der Einsich bedarf es zuerst, daß das radikale Problem vielmehr gehen muß auf das Verhältnis zwischen Er-
35 kenntnis und Gegenstand, aber in reduziertem Sinn, wonach nicht von menschlicher Erkenntnis sondern von Erkenntnis überhaupt, ohne jede existenziale Mitsetzungsbeziehung, sei es auf das empirische Ich oder auf eine reale Welt, die Rede ist. Der Einsicht bedarf es, daß das wahrhaft bedeut-

V. VORLESUNG

same Problem das der letzten Sinngebung der Erkenntnis ist und damit zugleich der Gegenständlichkeit überhaupt, die nur ist, was sie ist, in ihrer Korrelation zur möglichen Erkenntnis. Es bedarf weiter der Einsicht, daß dieses Problem nur in der Sphäre reiner Evidenz, in der Sphäre der letztnormierenden, weil absoluten Gegebenheit zu lösen ist, und daß wir demnach einzelnweise allen Grundgestaltungen der Erkenntnis und allen Grundgestaltungen der in ihr voll oder partiell zur Gegebenheit kommenden Gegenständlichkeiten im schauenden Verfahren nachgehen müssen, um den Sinn aller aufzuhellenden Korrelationen zu bestimmen.

BEILAGEN

BEILAGE I.[1]

In der Erkenntnis ist die Natur gegeben, aber auch die Menschheit in ihren Verbänden und in ihren Kulturwerken. All das wird e r k a n n t. Aber zur Erkenntnis der Kultur gehört, als den Sinn der Gegenständlichkeit konstituierender Akt, auch Werten und
5 Wollen.

Erkenntnis bezieht sich auf den Gegenstand mit einem wechselnden Sinn in wechselnden Erlebnissen, in wechselnden Affektionen und Aktionen des Ich.

Neben der formalen l o g i s c h e n Sinneslehre und Lehre
10 von den wahren Sätzen als giltigen Sinnen haben wir in natürlicher Einstellung noch a n d e r e n a t ü r l i c h e w i s s e n - s c h a f t l i c h e U n t e r s u c h u n g e n : wir scheiden G r u n d g a t t u n g e n (Regionen) von Gegenständen und erwägen z.B. für die Region bloße physische Natur in prinzipieller
15 Allgemeinheit, was unaufhebbar zu ihr, zu jedem Gegenstand der Natur in sich und relativ als Naturobjekt gehört. Wir treiben Ontologie der Natur. Wir legen dabei den Sinn, und das heißt hier den giltigen Sinn eines Naturobjektes als Gegenstandes der Naturerkenntnis, als «des» in ihr vermeinten Objektes auseinander:
20 das, ohne was ein mögliches Naturobjekt, das ist ein Objekt möglicher äußerer Naturerfahrung, nicht gedacht werden kann, wenn es soll wahrhaft seiend sein können. Also wir erwägen den S i n n der äußeren Erfahrung (das Gegenstand-Gemeinte), und zwar den Sinn in seiner W a h r h e i t, seinem wahrhaft oder giltig
25 Bestehen nach den unaufheblichen Konstituanten.

Ebenso erwägen wir den w a h r e n S i n n e i n e s K u n s t - w e r k e s ü b e r h a u p t und den besonderen Sinn eines bestimmten Kunstwerkes. Im ersten Fall studieren wir das „Wesen" eines Kunstwerkes in reiner Allgemeinheit, im zweiten Fall
30 den wirklichen Gehalt des wirklich gegebenen Kunstwerkes, was hier dem Erkennen des bestimmten Gegenstandes (als wahrhaft

---

[1] Dies ist eine s p ä t e r e Beilage (1916?); zu S. 19.

80 BEILAGE I

seienden, nach seinen wahren Bestimmtheiten), etwa einer Symphonie Beethovens, gleichkommt. Ebenso studieren wir generell das Wesen eines Staates überhaupt, oder empirisch das Wesen des deutschen Staates in einer Epoche, nach allgemeinen Zügen
5 oder ganz individuellen Bestimmungen, also dieses individuelle gegenständliche Sein „deutscher Staat". Das Parallele ist dann etwa die Naturbestimmung des individuellen Gegenstandes Erde. Wir haben also neben den empirischen Erforschungen, empirischen Gesetzlichkeiten und individuellen, die ontologischen For-
10 schungen, die Forschungen wahrhaft geltender Sinne nicht nur in formaler Allgemeinheit, sondern in sachhaltiger regionaler Bestimmtheit sind.

Freilich reine Wesensforschungen sind nirgends oder nur ausnahmsweise in vollkommener Reinheit gepflogen worden. Immer-
15 hin weisen manche Gruppen wissenschaftlicher Untersuchungen in diese Richtung; und zwar halten sie sich auf natürlichem Boden. Dazu dann psychologische Forschung, gerichtet auf die Erkenntniserlebnisse und Ich-Tätigkeiten im allgemeinen oder in Beziehung auf die betreffenden Gegenstandsregionen. Auf die
20 subjektiven Weisen, wie solche Gegenstände sich uns geben, wie das Subjekt sich zu ihnen verhält, wie es dazu kommt, sich von ihnen solche „Vorstellungen" zu bilden, welche besonderen Aktarten und Erlebnisarten (ev. wertende und volitive) dabei ihre Rolle spielen.
25 Zum Weiteren:

Empfindlich ist das Problem der Möglichkeit, an das Sein der Objekte selbst heran zu kommen, zunächst nur hinsichtlich der Natur. Sie ist, sagt man sich, an sich, ob wir erkennend mit da sind oder nicht, sie geht an sich ihren Lauf. Menschen erkennen
30 wir durch Ausdruck in ihrer Leiblichkeit, also an physischen Objekten, ebenso Kunstwerke und sonstige Kulturobjekte, wie andrerseits Sozialitäten. Es scheint zunächst, daß, wenn wir nur die Möglichkeit der Naturerkenntnis verstünden, die Möglichkeit aller anderen Erkenntnis mittels Psychologie verständlich werden
35 könnte. Die Psychologie aber scheint weiter keine besonderen Schwierigkeiten zu bieten, da der Erkennende sein eigenes Seelenleben direkt erfährt und andere nach Analogie mit sich in der „Einfühlung". Beschränken wir uns, wie die Erkenntnistheorie bis vor nicht langer Zeit, auf die Theorie der Naturerkenntnis.

BEILAGE II [1]

Versuch einer Änderung und Ergänzung: Angenommen ich wäre, wie ich bin, wäre gewesen, wie ich war und würde sein, wie ich sein werde; angenommen es fehlte dabei keine meiner Gesichts- und Tastwahrnehmungen und sonstigen Wahrnehmungen über-
5 haupt; es fehlte keiner meiner apperzeptiven Verläufe, keiner meiner begrifflichen Gedanken, keine meiner Vorstellungen und Denkerlebnisse und meiner Erlebnisse überhaupt, sie alle genommen in ihrer konkreten Fülle, in ihrer bestimmten Anordnung und Verknüpfung; was hinderte, daß daneben außerdem nichts,
10 schlechthin nichts wäre? Könnte nicht ein allmächtiger Gott oder ein Lügengeist meine Seele so geschaffen und so mit Bewußtseinsinhalten versorgt haben, daß von all den in ihr vermeinten Gegenständlichkeiten, soweit sie irgend ein Außerseelisches sind, nichts existierte? Vielleicht sind Dinge außer mir, aber kein ein
15 ziges von denen, die ich für wirklich halte. Und vielleicht sind überhaupt gar keine Dinge außer mir.

Ich nehme aber wirkliche Dinge an, Dinge außer mir, auf welchen Kredit hin? Auf den Kredit der äußeren Wahrnehmung? Ein schlichter Blick erfaßt meine dingliche Umgebung bis empor
20 zur fernsten Fixsternwelt. Aber vielleicht ist all das Traum, Sinnestrug. Die und die visuellen Inhalte, die und die Apperzeptionen, die und die Urteile, das ist das Gegebene, das einzig Gegebene im echten Sinn. Haftet der Wahrnehmung eine E v i d e n z an für diese Leistung der Transzendenz? Aber eine
25 Evidenz, was ist sie anderes als ein gewisser psychischer Charakter. Wahrnehmung und Evidenzcharakter, das also ist das Gegebene, und warum nun diesem Komplex etwas entsprechen muß ist rätselhaft. Ich sage dann vielleicht: wir s c h l i e ß e n auf die Transzendenz, durch Schlüsse überschreiten wir das un
30 mittelbar Gegebene, es ist überhaupt eine Leistung von Schlüssen,

---

[1] Zu S. 20.

Die Idee der Phänomenologie

durch Gegebenes Nicht-gegebenes zu begründen. Aber lassen wir
die Frage, wie Begründung dergleichen leisten kann, beiseite,
so werden wir uns doch antworten: analytische Schlüsse würden
nichts helfen, Transzendentes ist nicht in Immanentem impliziert. Synthetische Schlüsse aber, wie könnten sie anderes sein als
Erfahrungsschlüsse. Erfahrenes bietet Erfahrungsgründe, das ist:
vernünftige Wahrscheinlichkeitsgründe für nicht Erfahrenes,
aber dann wohl nur für Erfahrbares. Das Transzendente ist aber
prinzipiell nicht erfahrbar.

BEILAGE III [1]

Unklar ist die Beziehung der Erkenntnis auf Transzendentes. Wann hätten wir Klarheit und wo hätten wir sie? Nun, wenn und wo uns das Wesen dieser Beziehung gegeben wäre, daß wir sie s c h a u e n könnten, dann wür-
5 den wir die Möglichkeit der Erkenntnis (für die betreffende Erkenntnisartung, wo das geleistet wäre) verstehen. Freilich erscheint diese Forderung eben von vornherein für alle transzendente Erkenntnis u n e r f ü l l b a r und damit auch transzendente Erkenntnis u n m ö g l i c h   z u   s e i n.
10 Nämlich der S k e p t i k e r sagt: Erkenntnis ist anderes wie erkanntes Objekt. Erkenntnis ist gegeben, erkanntes Objekt nicht gegeben, und zwar prinzipiell nicht in der Sphäre der Objekte, die transzendente heißen. Und doch soll Erkenntnis sich auf das Objekt beziehen und es erkennen, wie ist das möglich?
15 Wie ein Bild mit einer Sache stimmt, das glauben wir zu verstehen. Aber daß es Bild ist, können wir nur daher wissen, daß uns Fälle gegeben waren, in denen wir die Sache eben so hatten wie das Bild, eines mit dem anderen vergleichend.
Aber wie kann Erkenntnis über sich hinaus an das Objekt und
20 dieser Beziehung doch in Zweifellosigkeit auch gewiß sein? Wie ist es zu verstehen, daß die Erkenntnis, ohne ihre Immanenz zu verlieren, nicht nur triftig sein kann, sondern diese Triftigkeit auch ausweisen kann? Dieses Sein, diese Möglichkeit des Ausweisens setzt voraus, daß ich bei einer Erkenntnis der betreffen-
25 den Gruppe sehen kann, daß sie das leistet, was hier gefordert ist. Und nur wenn das der Fall ist, können wir die Möglichkeit der Erkenntnis verstehen. Ist aber Transzendenz ein wesentlicher Charakter gewisser Erkenntnisobjekte, wie geht die Sache da? Also die Betrachtung setzt eben dies voraus, daß die Transzen-

---

[1] Zu S. 37.

84 BEILAGE III

denz ein wesentlicher Charakter gewisser Objekte sei und daß
Erkenntnisobjekte derselben Art niemals immanent gegeben
sind und sein können. Und die ganze Auffassung setzt schon voraus, daß Immanenz selbst nicht in Frage ist. Wie Immanenz er-
5 kannt werden kann, ist verständlich, wie Transzendenz, unverständlich.

TEXTKRITISCHER ANHANG

ZUR TEXTGESTALTUNG

Das *Original-Manuskript*, das der vorliegenden Veröffentlichung zu Grunde liegt, befindet sich im H u s s e r l-A r c h i v z u L ö w e n. Es trägt die Signatur F I 43, umfaßt 42 Blätter vom Format 21,5 × 17 cm. und ist wie die meisten Manuskripte in Gabelsberger Stenographie niedergeschrieben. Der durchlaufende Text ist mit schwarzer Tinte geschrieben. Er weist verschiedene Ergänzungen und Abänderungen auf, die größtenteils mit dem Bleistift ausgeführt wurden. Im Haupttext befinden sich mehrere Beilagen, die wir als solche wiedergeben. Die erste stammt wahrscheinlich aus einer späteren Periode, (1916?), während die zweite und dritte zeitlich sicher in keinem größeren Abstand vom ursprünglichen Text abgefaßt sind.

Der Haupttext, d.h. sowohl der *Gedankengang* als auch der eigentliche Vorlesungstext, stammt aus Husserls Göttinger Zeit, und zwar aus dem Frühjahr 1907. Nach den Angaben Husserls auf dem Ms. wurde die erste Vorlesung am 26.IV. gehalten, die letzte am 2.V. Wie ebenfalls aus einer Anmerkung Husserls hervorgeht, schrieb er am Abend der letzten Vorlesung den *Gedankengang*. Da er die fünfte Vorlesung anders gehalten hat als der Text lautet, und da andererseits im *Gedankengang* über den Text der fünften Vorlesung hinausgegangen wird, ist anzunehmen, daß diese Abweichung der mündlichen Mitteilung der fünften Vorlesung entspricht.

Außer dem Original-Manuskript befindet sich im Husserl-Archiv auch die Transkription, die *Prof. Dr. Landgrebe* als damaliger Assistent Husserls gemacht hat, wahrscheinlich zwischen 1923 und 1926. Sie trägt die Archiv-Signatur M III 9 I und umfaßt 81 Maschinenschrift-Seiten mit vereinzelten Anmerkungen Husserls.

Die leitende Absicht bei der Herausgabe war, einen so vollständigen Text wie nur möglich zu geben, d.h. alle Einfügungen, Ergänzungen, Abänderungen zu berücksichtigen, zugleich aber, gerade wegen der Bedeutung der 5 *Vorlesungen* für die Entwicklung von Husserls Denken, die Möglichkeit zu geben, die ursprüngliche Form des Textes ohne Schwierigkeiten wiederzuerkennen. Aus diesem Grund wurden alle Änderungen, die Husserl im Original-Manuskript oder der Landgrebeschen Abschrift vorgenommen hat, im Anhang (s. Anmerkungen) verzeichnet. Steht bei einer Anmerkung keine besondere Zeitbestimmung, so besagt das, die Ergänzung bzw. Abänderung stammt wahrscheinlich aus der Zeit der Abfassung des Manuskriptes. Die Bemerkung

ZUR TEXTGESTALTUNG

spätere Einfügung soll andeuten, daß es sich um eine Änderung zwischen 1910-22 handelt; die Bemerkung „nach 1922" weist darauf hin, daß es sich um eine Anmerkung Husserls im Landgrebeschen Text handelt.

Für die endgültige Textgestaltung war natürlich das Originalmanuskript maßgebend. Aus dem Landgrebeschen Text wurden vor allem die Anmerkungen Husserls herangezogen und der größte Teil der Kapitelüberschriften, die vermutlich von Landgrebe selbst stammen.

Die Interpunktion und Unterstreichung wurde in Anlehnung an das Original durchgeführt, jedoch ohne feste Bindung daran.

TEXTKRITISCHE ANMERKUNGEN

4,12f. über Erkenntnismöglichkeiten — *Bleistiftzusatz* ‖ 4,15 über eigene Erkenntnismöglichkeit — *Bleistiftzusatz* ‖ 4,18ff. .... müssen wir zunächst zweifellose Fälle haben von Erkenntnissen oder Erkenntnismöglichkeiten, die Erkenntnis wirklich treffen, und daher nicht unbesehen Erkenntnis als Erkenntnis hinnehmen; — *der Satz in seiner ursprünglichen Form* ‖4,22f. *von* sonst hätten wir .... *bis* volles Ziel *Bleistiftzusatz* ‖5,5 und Geisteswissenschaften — *Bleistiftzusatz nach* 1922 ‖ 5,20f. *Dieser Satz ist eine Bleistiftergänzung* ‖ 5,28 voll und ganz adäquat — *Bleistiftergänzung* ‖ 5,33 adäquat — *Bleistiftzusatz* ‖6,2-16 *Der Text von*: Was ich will *bis* sie nicht anzuknüpfen *steht in eckiger Bleistiftklammer; am Rande von Husserl vermerkt*: Das ist unklar oder nicht gut passend. Beilage. ‖ 6,5 der Möglichkeit — *Bleistiftzusatz* ‖ 6,23 ihrer Leistung *Hinzufügung nach* 1922 ‖ 6,32 *Zusatz nach* 1922: als Prämisse, selbst als Hypothese ‖ 7,2 ihrer Leistung — *Bleistiftverbesserung für*: irgend einer Idee *wie es ursprünglich hieß* ‖ 7,3ff. *Der letzte Teil dieses Satzes, von* es heißt *an, bis* herleiten *steht in eckiger Bleistiftklammer* ‖ 7,15 *Hinzugefügt*: der Mensch ‖ 7,20 *Hinzugefügt*: dieser Mensch ‖ 7,30 Bewußtsein des Menschen — *Verbesserung von*: Ichbewußtsein *wie es ursprünglich hieß* ‖ 7,32ff. *Spätere Randbemerkung zum Text*: Das Immanente bezweifelt man nicht, aber die Erkenntnis des Immanenten ist genau so problematisch und auch ein schwieriges Problem. ‖ 9,18f. als einer hinzunehmenden Existenz — *Bleistifteinfügung* ‖ 9,24 und zulässig nur als Phänomene — *Bleistiftzusatz* ‖ 11,33 *Hier folgte ein Text, den Husserl im Original durchgestrichen hat. Dazu wurde von ihm vermerkt*: Statt dieser Ausführung die Essenz, individuelle und allgemeine Essenz — *In der Landgrebeschen Abschrift bemerkte er zum ersten Absatz*: inkorrekt.

Und wieder finden wir das beim Phänomen der Phantasie. Auch in ihm ist so etwas wie eine Gegebenheit; es erscheint darin etwas; es ist evident, daß z.B. im Phantasieren eines Tones eben ein Ton erscheint. Er ist nicht reell da und ist nicht als Existenz gesetzt und doch, obschon in der Weise der Vergegenwärtigung, kommt er zu einer Art Gegebenheit und das mit Evidenz. Und auf dem Grunde dieser Gegebenheit kann sich evidentes Allgemeinheitsbewußtsein ebensogut gründen wie auf dem Grunde der Wahrnehmungsgegebenheit.

Nun gingen wir weiter: wir blickten auf alle sonstigen Modi der Erkenntnis hin, auf alle die Phänomene, die unter den weitesten Begriff

90 TEXTKRITISCHE ANMERKUNGEN

der Erkenntnis fallen; ich sage den weitesten, denn es gibt verschiedene unter jenen fallende und darunter den prägnantesten Begriff von Erkenntnis als Evidenz. Bei allem Vorstellen, ja selbst beim symbolischen Vorstellen, beim Vorstellen von Absurdem, und gleichgiltig ob es auch ein urteilendes Setzen ist oder nicht, finden wir so etwas wie Gegebenheit, mag man sie auch uneigentliche Gegebenheit oder Nichtgegebenheit von dem und jenem nennen: immer haben wir den wunderbaren Gegensatz von Erscheinung und Erscheinendem, oder leerer Meinung und Gemeintem, und überall ist Erscheinung ein Name für ein eigenartig bewußtes und der jeweiligen Artung der Gegebenheit genau entsprechendes Phänomen, und überall ist Erscheinung etwas, das Erscheinendes zur Gegebenheit bringt und doch nicht reell in sich hat. || 12,14 Struktur — *Bleistiftverbesserung von* Konstitution || 13,7f. der Einstimmigkeit und Unstimmigkeit — *Einfügung nach* 1922 || 13,9f. eigentümlich verbundene, sich gleichsam deckende — *Einfügung nach* 1922 || 13,26 die Natur erkannt — *Bleistiftergänzung* || 14,9f passiv oder aktiv — *Zusatz nach* 1922 || 18,23 die Geisteswissenschaften — *Zusatz nach* 1922 || 19,33f. und den Ontologien — *Bleistiftzusatz* || 22,14 Wesens — *Bleistiftzusatz* || 24,22 reine — *Bleistiftzusatz* || 25,4 Leistung — *Bleistiftänderung für* Sinn || 26,6 *Der folgende Text wurde von Husserl mit eckigen Bleistiftklammern versehen und sollte zum Vorwort kommen. Da Husserl dann kein eigentliches Vorwort geschrieben hat, ließ Landgrebe ihn bei seiner Abschrift aus:*
Es mag wohl als Anmaßung klingen, daß ich gegen die zeitgenössische Philosophie, ja gegen die ganze bisherige Philosophie, auch soweit sie eigene philosophische Methoden annahm, solch schweren Vorwurf, den schwersten, der gegen sie erhoben werden kann, zu erheben wage. Doch hier hilft kein Verschweigen, und wo es sich um eine große Sache handelt, muß ich den Schein der Anmaßung auf mich nehmen. Es liegt mir ob zu sagen, was mich reinste Forschung gelehrt und mit erwogenen Gründen zu widerlegen, was sich der erschauten Wahrheit entgegensetzt.

Im übrigen weiß ich sehr wohl, wie geringen Kredit heutzutage Ansprüche auf große E n t d e c k u n g e n, auf l o g i s c h e U m w ä l z u n g e n in der Philosophie finden können. Jeder Meßkatalog kündet ihrer neue an, in Hülle und Fülle. Nicht nur aus dem naiven Dilletantismus stammen diese totgeborenen „Entdeckungen", auch aus der familiär-wissenschaftlichen Katheder-Philosophie, die mit den entseelten, nur immer neu abgewandelten Phraseologien der historischen Philosophien immer neue Schattenspiele aufführt und sich und aller Welt einreden möchte, das sei eine lebendige Philosophie.

Ich meine nun, daß durchaus selbstgedachte Gedanken, in langjähriger Arbeit erworben, immer wieder durchlebt, nachgeprüft, berichtigt, mindestens den Anspruch erheben können, ernst nachgedacht und nacherwogen zu werden. Einer bedenklichen, ja überbedenklichen und fast skeptischen Geistesart abgerungen, dürften die vorliegenden Ausführungen bleibende Wahrheiten enthalten. Daß es sich dabei

TEXTKRITISCHE ANMERKUNGEN 91

um letzte Abklärungen von Einsichten handelt, die schon meine „Logische Untersuchungen" durchherrschen, wird jeder tiefer schauende Leser dieses unvollendeten und unvollkommenen Werkes bestätigen. || 29,3 menschliche — *Bleistiftzusatz* || 29,16 also auch ihre eigene — *Bleistiftzusatz* || 29,17 also auch diejenige nicht, die selbst feststellt — *Bleistiftzusatz* || 31,9f. die freilich ein schillernder Begriff ist — *Bleistiftzusatz* || 31,30ff. *Von* sie alle können *bis* Wesenserkenntnis *eckige Bleistiftklammer* || 32,19f. *Von* was heißt an — *Bleistiftzusatz* || 32,21 *Husserl gibt diese Wiederholung, da eine an ihn gerichtete Frage eines Hörers ihm gezeigt hat, daß der Gang der Vorlesung nicht klar geworden ist* || 32,27ff. *Der eingeklammerte Satzteil wurde von Husserl in eckige Bleistiftklammern gesetzt* || 32,33f. hinsichtlich ihrer Triftigkeit — *Bleistiftzusatz* || 33,5f. und zwar hinsichtlich ihrer Triftigkeit — *Bleistiftzusatz* || 35,7f. *von* oder „immanent gegeben" .... *bis* verstanden wäre — *Bleistiftzusatz* || 35,18f. Selbstgegebenheit im absoluten Sinn — *Bleistiftzusatz* ||35,30 *spätere Bleistiftanmerkung*: Scheinbar ist eins und das andere dasselbe. Und in der Tat, das ist noch nicht alles: Gegebensein durch E r s c h e i n u n g, die immer nur darstellen kann wie beim Ding, und Gegebensein der cogitatio braucht nicht volkommen klar zu sein, es kann auch ein bloßes Nochgegebensein sein wie in der Retention: es ist aber immer absolutes Gegebensein, als absolutes Selbstgeschaut-sein; das Absolute selbst kann als solches auch vergegenwärtigt, wiedererinnert sein, es ist immer noch nicht Gegebensein durch Erscheinungen. || 36,3ff. *Sieser Satz ist eine Bleistifteinfügung* || 36,18ff. *Dieser Satz steht in eckiger Bleistiftklammer* || 36,23 *Bleistiftzusatz*: Setzt mittelbare Transzendenzsetzung unmittelbare Transzendenzsetzung voraus? Das müßte erst begründet werden, richtig ist es schon. || 37,9 der Setzung — *Bleistiftzusatz* || 38,11f. *von* und selbst allgemeiner... *bis* überhaupt möglich sei — *Bleistiftzusatz* || 38,13-15 *von* vorgegebenem Wissen .... *bis* exakten Wissenschaften — *Bleistiftzusatz* || 38,13ff. *Dazu folgende Randbemerkung Husserls*: Vorgegebenes Wissen, was besagt das? Das meint Urteil statt Anschauung. Aber wenn Anschauung, so muß es adäquate Anschauung sein. Jedenfalls Sonderung zwischen Wissen und Anschauen. || 39,20-22 auf der einen Seite .... auf der anderen Seite der des Anthropologismus und Biologismus — *Bleistiftzusatz* || 44,3ff. *Bleistiftzusatz von* als ihr Zustand .... *bis* Bewußte || 46,2-6 *Die beiden Sätze stehen in eckiger Tintenklammer* || 46,19 Grundlage für die Lösung der — *Bleistiftzusatz* || 46,30f. ihrer Triftigkeit nach — *Bleistiftzusatz* || 46,34f. *Dieser Satz ist eine nachträgliche Bleistifteinschiebung* || 47,4-11 *Dieser Absatz ist eine Bleistiftergänzung* || 47,34 sie haben bloß subjektive Wahrheit — *Bleistifteinfügung* || 47,36f. subjektiv — *Bleistiftverbesserung für* absolut || 47,39 die vorwissenschaftlichen — *Bleistiftverbesserung von* alle wohlbegründeten || 48,27-34 *Von* durch erkenntnistheoretische Reduktion .... *bis* selbst statthaft ist — *Bleistiftzusatz* || 50,3f. im strengsten Sinn — *Bleistiftzusatz* || 50,9-11 *von* es hilft uns nichts .... *bis* zu konstatieren ist — *Bleistiftergänzung* || 50,12f. *von* wir brauchen nur .... *bis* das

92 TEXTKRITISCHE ANMERKUNGEN

Gemeinte — *Bleistiftergänzung* || **50,18f.** *von* von anderen Gegeben-
heiten.... *bis* geben, z.B. - *Bleistiftzusatz* || **51,7-11** *Dieser Satz ist eine
Bleistifteinfügung* || **51,23-28** *von* Das ist notwendig .... *bis* Wesens-
forschungen *Bleistifteinfügung; in der Abschrift Landgrebes dieser
Text in eckigen Klammern* || **51,29** *Im Ms.* Wesenserkenntnis in Wesen,
in Essenzen, in allgemeinen Gegenständlichkeiten gründende Erkenntnis
— *mit Blaustift gestrichen* gründende || **51,34** *statt* auf generelle Essen-
zen gerichtete *im Ms.* in generellen Essenzen gründende; *nachträglich*
gründende *mit Blaustift gestrichen* || **51,35** schöpfende *im Ms. mit Blau-
stift gestrichen* || **51,36ff.** *von* Jedenfalls *bis* gründen *Zusatz* || **55,2** direkt
anschaulich aufweisbare — *Bleistiftzusatz* || **56,11** allgemeine — *Blei-
stiftzusatz nach* 1922 || **57,9-11** *Dieser Satz ist eine Bleistifteinfügung* ||
57-59, *Von Seite* 57,18 *bis S.* 59,2 *wurde der Text bei der Vorlesung nicht
vorgetragen* || **58,3** der Aufklärung der Prinzipien — *Bleistiftzusatz* ||
60,1-9 *Der Absatz wurde in der Abschrift Landgrebes in eckige Klam-
mer gesetzt* || **60,18** adäquat — *Bleistiftzusatz* || **60,26** kein Rätsel, also
auch nicht — *Bleistiftzusatz* || **60,32** adäquat — *Bleistiftzusatz* || **63,8** der
Gegenständlichkeit und mit ihnen — *Bleistiftzusatz* || **67,6** phänomenolo-
gischer — *Bleistiftzusatz* || **67,9** *Im Ms.* hat Husserl Erinnerung *in* cogi-
tatio *abgeändert. Die Stelle lautete:* Was zunächst selbst die cogitatio
anlangt.... *In der Landgrebeschen Abschrift hat Husserl für* cogitatio
wieder Erinnerung *eingesetzt und* dann *hinzugefügt* || **67,9-11** *von* so ist...
bis verflochten *Bleistiftzusatz* || **68,7-17** *Dieser Absatz Bleistiftergän-
zung* || **68,22f.** phänomenologischer — *Bleistiftzusatz* || **68,27** wirkliche
und modifizierte (Existenzsetzung) — *Bleistiftverbesserung für* even-
tuelle (Existenzsetzung) || **69,31** *Am Rande die Anmerkung:* Die Reduk-
tion besagt aber hier ein Doppeltes *a)* Ausschaltung der Existenz, falls
es sich um eine Setzung von ähnlicher Art wie die Erinnerung handelt,
b) Ausschaltung der nicht angeschauten, sich nicht phantasiemäßig
wirklich darstellenden Seiten des phantasierten Gegenstandes? Doch
nein, es handelt sich nicht um Intuition sondern um Immanenz: also
die Erscheinung, wie sie Phantasieerscheinung ist, also die Farbenab-
schattung etc. || **69,35f.** in gewissem Sinne — *Bleistiftzusatz* || **70,36**
Aber darauf kommt es hier nicht an. *Bleistifteinfügung* || **71,15** für das
Ich — *Bleistiftzusatz* || **72,15** der Existenz nach — *Bleistiftzusatz* ||
72,32 Und zwar jetzt diese „Transzendenz" — *späterer Zusatz* || **73,1**
Am Rand die Bleistiftanmerkung: das symbolisch Vorgestellte und
begrifflich Gedachte als solches || **73, 18-24** *Von* Es soll nun keineswegs
bis Schwierigkeiten liegen — *späterer Zusatz* || **73,33f.** und das Sich-kon-
stituieren der verschiedenen Gegenständlichkeitsmodi — *Zusatz* || **74,7-
12** *von* Es wird dann darauf ankommen.... *bis* herauszustellen *späterer
Zusatz* || **74,16f.** des Dinges — *Bleistiftzusatz* || **74,21f.** die logischen
Gegebenheiten — *Bleistiftzusatz* || **75,5f.** und Gruppen, Zusammenhänge
von Erkenntnisakten — *Blaustiftzusatz* || **75,10-14** *von* und entsprechen-
de Zusammenhänge der Erfüllung .... *bis* verknüpfen logisch *Bleistift-
zusatz* || **75,20-23** *Dieser Absatz ist eine Bleistiftergänzung* || **75,37**
existenziale Mitsetzungs — *Bleistiftzusatz* || **76,7** einzelnweise — *Zusatz*

TEXTKRITISCHE ANMERKUNGEN 93

nach 1922 || **76,11** *Am Ende des Ms. folgende Bleistiftanmerkung Husserls:* Es muß nocheinmal das Verhältnis von Phänomenologie und Psychologie durchdacht werden. Vermöge der Konstitution jeder Gegenständlichkeit in der Erkenntnis gehört zu jedem Axiom eine konstituierende Erkenntnis in prägnantem Sinn und damit ein Wesenszusammenhang der Phänomene, also eine Regel psychologischer Zusammenhänge. Inwiefern weist dann jede erwiesene Wahrheit auf solch einen Wesenszusammenhang zurück etc. || **80,25-39** *Der Schluß der Beilage von* Zum Weiteren an *ist mit Bleistift geschrieben* ||

NACHWEIS DER ORIGINALSEITEN

In der linken Kolonne befinden sich die Blattangaben von Husserls Stenogramm (a=Vorderseite; b=Rückseite), in der rechten Kolonne die entsprechenden Angaben der Seitenzahlen des gedruckten Textes.

Ms. F I 43/114	Text	3-5
115		5-6
116		6-9
117		9-11
118		11-12
119		12-14
120		17-18
121		18-19
122		19-20
123-125		79-82 (Beilagen)
126		20-21
127		21-23
128		23-24
129		24-26
130		s.Anhang
131		29-30
132		30-32
133		32-34
134		34-36
135		36-38

Ms. F I 43/136	Text	83-84 (Beilage)
137		38-44
138		44-46
139		46-49
140		49-50
141		50-52
142		55-56
143a		56-57
144		57-59
143b		59
145		60-61
146		61-67
147		67-68
148		68-70
149a		70
150		70-72
149a		72
149b		72-73
151		73-76
152a		76

NAMENREGISTER

Descartes	S. V, 4, 7, 8, 10, 27, 30f., 33, 49, 50, 71
Dilthey	S. VIII
Heraklit	S. 47
Hume	S. 20, 38
Kant	S. VIII, 48